AF456324

TABLE

ALPHABÉTIQUE ET CHRONOLOGIQUE

DE LA

COLLECTION DES ORDONNANCES DE POLICE.

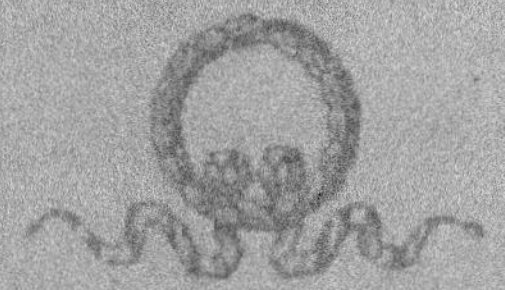

PARIS,

IMPRIMERIE ET LIBRAIRIE ADMINISTRATIVES

DE PAUL DUPONT,

Rue de Grenelle-Saint-Honoré, 55, Hôtel-des-Fermes.

1845.

TABLE

ALPHABÉTIQUE ET CHRONOLOGIQUE.

Paris. — Imp. de Paul Dupont,
rue de Grenelle-Saint-Honoré, n. 55.

TABLE

ALPHABÉTIQUE ET CHRONOLOGIQUE

DE LA

COLLECTION DES ORDONNANCES DE POLICE.

DATES.	DÉSIGNATION DES MATIÈRES.	Volumes.	Pages.
	A.		
	ABATAGE.		
	V. *Boucherie, Chiens errants.*		
	ABATTOIR.		
16 septembre 1817	Ordonnance concernant l'abattoir à porcs du faubourg du Roule	II	90
12 octobre.. 1840	Ordonnance concernant l'ouverture et la police de l'abattoir de Batignolles-Monceaux	III	364
12 avril... 1841	Abattoir de Belleville, règlement et police	III	484
15 octobre.. 1841	Ordonnance concernant la police de l'abattoir et de l'atelier d'équarrissage d'Aubervilliers	III	504
	V. *Itinéraire des bestiaux, marché de la Vallée.*		
	ABATTOIRS GÉNÉRAUX.		
11 septembre 1818	Ordonnance concernant l'ouverture et la police des abattoirs généraux	II	119
30 décembre 1819	Ord. concernant les fondoirs	II	165
9 janvier.. 1824	Ord. concernant la concentration dans chaque abattoir de la cuisson des issues	II	289
29 avril ... 1825	Ord. mesures de salubrité	II	327
5 décembre 1825	Ord. conduite des bestiaux, surveillance des travaux, répression du mercandage	II	345
	ABREUVOIRS.		
	V. *Chevaux.*		

DATES.	DÉSIGNATION DES MATIÈRES.	Volumes.	Pages.
	ABREUVOIRS ET PUISOIRS PUBLICS.		
25 octobre. 1840	Ord. concernant la police de la navigation, (art. 190, 191).	III	405
	ACTES.		
25 août.... 1866	Modèles d'actes	I	331
	ACTEURS.		
	V. *Théâtres.*		
	AÉROSTATS.		
21 août.... 1819	Ordonnance concernant les expériences aérostatiques...	II	152
	AFFICHAGE.		
4 août.... 1836	Ordonnance concernant l'affichage dans la ville de Paris.	III	152
8 novembre 1841	Ord. id.	III	510
	AFFICHES.		
8 thermidor an IX (26 *juillet* 1801)	Ordonnance concernant les affiches et les afficheurs...	I	96
28 novembre 1829	Ord. id.	III	527
23 août.... 1830	Ord. id.	II	578
12 décembre 1830	Ordonnance concernant l'exercice et la profession d'afficheur et de crieur public..........................	II	590
	AIGLES (Distribution des).		
	V. *Drapeaux.*		
	AGENTS DE CHANGE.		
	V. *Bourse.*		
	ALLUMETTES FULMINANTES.		
	V. *Capsules.*		
	ALTERNATS DES CHARCUTIERS.		
	V. *Boucherie.*		
	AMARRAGE.		
	V. *Navigation, Paris, Râpée.*		
	AMNISTIES.		
25 germinal an XII (9 *avril* 1804.)	Actes d'amnistie, passe-ports permis de séjour.........	I	238

DATES.	DÉSIGNATION DES MATIÈRES.	Volumes.	Pages.
	AMORCES FULMINANTES.		
	V. *Capsules.*		
	AMPHITHÉATRES.		
11 janvier.. 1815	Ordonnance concernant les amphithéâtres d'anatomie et de chirurgie........	II	2
25 novembre 1834	Ord. id.	III	101
	ANATOMIE.		
	V. *Amphithéâtres, Cours de dissection.*		
	ANGOULÊME (Duc d').		
	V. *Entrée.*		
	ANIMAUX SAISIS OU ABANDONNÉS.		
	V. *Fourrière.*		
	APPROVISIONNEMENT.		
17 août.... 1830	Ordonnance concernant les commerces d'approvisionnement........	II	576
	V. *Boulangerie, Halles du centre.*		
	ARBRISSEAUX, ARBUSTES.		
	V. *Marchés aux fleurs.*		
	ARGENT.		
	V. *Orfèvres.*		
	ARMES A FEU.		
11 avril.... 1816	Ordonnance concernant le tir des armes à feu et des fusées dans Paris........	II	35
1er juin... 1839	Ord. concernant les armes à feu dont les armuriers, fabricants et marchands d'armes de luxe sont en possession........	III	508
	ARMES DE GUERRE.		
18 vendém. an XIV (10 octobre 1805)	Ordonnance rendue en exécution du décret du 8 vendémaire concernant la fabrication des armes de guerre.	I	288
	ARMES PROHIBÉES.		
5 février.. 1806	Ordonnance concernant les armes prohibées........	I	307
1er août... 1820	Ord. id.	II	177

DATES.	DÉSIGNATION DES MATIÈRES.	Volumes.	Pages.
18 germinal an XI (8 *avril* 1803.)	Ordonnance concernant les bains en rivière et les écoles de natation..............................	I	188
20 mai.... 1839	Ord. id.	III	307
25 octobre. 1840	Ordonnance concernant la police de la navigation (tit. II, § 3) Établissements de bains..............................	III	405
	BALADINS.		
	V. *Saltimbanques.*		
	BALANCIERS.		
	V. *Laminoirs.*		
	BALAYAGE.		
22 frimaire an IX (13 *décembre* 1800.)	Ordonnance concernant le balayage des rues..........	I	61
22 nivôse an XI (12 *janvier* 1803.)	Ord. id.	I	175
14 novembre 1817	Ord. id.	II	32
26 mars.... 1836	Arrêté concernant le balayage et la propreté de la voie publique..............................	III	147
29 octobre. 1836	Arr. id.	III	166
28 octobre.. 1839	Arr. id.	III	326
1er avril.. 1843	Ordonnance concernant le balayage et la propreté de la voie publique et le transport des matières insalubres.	III	582
1er octobre. 1844	Ord. id.	III	770
	BALLONS.		
	V. *Aérostats.*		
	BALS.		
31 mai.... 1833	Ordonnance concernant les bals et autres réunions publiques..............................	III	42
13 décembre 1843	Ordonnance concernant les bals de nuit donnés à l'époque du carnaval, dans le ressort de la préfecture de police..............................	III	585
	V. *Théâtres* (Recettes des).		
	BAPTÊME.		
7 juin.... 1811	Ordonnance concernant des mesures de police relatives aux fêtes et cérémonies qui auront lieu à l'occasion du baptême de S. M. le roi de Rome..............	I	514
29 avril.... 1821	Ord. id. à l'occasion du baptême de S. A. R. Mgr le duc de Bordeaux..............	II	187
30 avril.... 1821	Arrêté sur les mesures d'ordre à prendre pour l'arri-		

DATES.	DÉSIGNATION DES MATIÈRES.	Volumes.	Pages.
	vée et le départ des voitures, le mardi au matin 1er mai, à la cérémonie du baptême de Mgr le duc de Bordeaux..........	II	195
	BARRIÈRES.		
25 août.... 1816	Ordonnance concernant les barrières sur les boulevards intérieurs..........	II	54
4 mai..... 1840	Ordonnance concernant les barrières et saillies existant sur les boulevards intérieurs, (côté nord)..........	III	342
	BATEAUX.		
19 floréal an XIII (9 *mai* 1805.)	Ordonnance concernant les bateaux à lessive..........	I	277
25 octobre, 1840	Ord. concernant la police de la navigation (tit. II, § 2)..	III	404
9 novembre 1835	Ord. concernant les bateaux à vapeur..........	III	118
15 avril.... 1838	Ord. id.	III	246
25 octobre. 1840	Ord. concernant la police de la navigation (sec. II, ch. X).	III	396
19 mai..... 1842	Ordonnance concernant la police de la navigation des rivières, des canaux et des ports, dans le ressort de la préfecture de police..........	III	532
8 août..... 1844	Ordonnance relative aux bateaux à vapeur qui naviguent sur les fleuves et rivières..........	III	760
	V. *Bachotage, Lâchage et Remontage, Râpée, Déchirage, Poissons d'eau douce, Chefs des ponts, Vapeur.*		
	BATELEURS.		
	V. *Saltimbanques.*		
	BELLOY (Cardinal de).		
	V. *Cérémonies funèbres.*		
	BERCY (Port de).		
19 mars.... 1812	Ordonnance concernant la police du port de Bercy.....	I	566
11 février.. 1822	Ord. id.	II	212
15 avril..... 1834	Ord. id.	III	65
8 janvier.. 1838	Arrêté relatif au port de Bercy..........	III	236
25 octobre. 1840	Ordonnance concernant la police de la navigation (ch. V, § 4)..........	III	388
17 juillet... 1841	Ordonnance concernant la circulation des voitures sur le pont de Bercy..........	III	490
	BERGERIES.		
	V. *Epizooties.*		

DATES.	DÉSIGNATION DES MATIÈRES.	Volumes.	Pages.
31 juillet... 1838	Ordonnance concernant le curage de la rivière de Bièvre.	III	269
	BILLAGE.		
	V. *Choisy-le-Roi, Bossé-de-Marne.*		
	BILLARDS.		
6 novembre 1812	Ordonnance concernant les billards publics...........	I	589
18 juin.... 1835	Arrêté concernant les billards publics................	III	110
	V. *Lieux publics.*		
	BILLETS DE SPECTACLE.		
	V. *Théâtres.*		
	BLANC DE PLOMB.		
14 avril.... 1837	Instruction du conseil de salubrité concernant les fabriques de blanc de plomb.......................	III	181
	BLANCS-MANTEAUX.		
	V. *Marché des Blancs-Manteaux.*		
	BLÉS.		
	V. *Halle aux grains et farines.*		
	BLESSÉS.		
	V. *Asphyxiés, Noyés, Officiers de santé.*		
	BOIS A ŒUVRER.		
12 septembre 1816	Ordonnance concernant le commerce de bois à œuvrer.	II	59
	BOIS DE CHAUFFAGE.		
8 frimaire an IX (29 *novembre* 1800.)	Ordonnance concernant les heures de vente du bois de chauffage pendant l'hiver.........................	I	58
27 ventôse an X (18 *mars* 1802.)	Ordonnance concernant, l'arrivée, le dépôt et la vente des bois de chauffage dans Paris..................	I	129
1er floréal an X (21 *avril* 1802.)	Ord. id. à l'île Louviers..................	I	139
21 ventôse an XI (12 *mars* 1803.)	Ordonnance concernant la vente de falourdes, fagots, et coterets..................................	I	182
7 floréal an XI (27 *avril* 1803.)	Ordonnance concernant le repêchage des bois de chauffage sur les rivières dans le ressort de la préfecture de police..................................	I	190
20 prairial an XII (9 *juin* 1804.)	Ordonnance concernant le commerce du bois à brûler dans les communes rurales du ressort de la préfecture de police..................................	I	235

DATES.	DÉSIGNATION DES MATIÈRES.	Volumes.	Pages.
9 frimaire an XIV (30 *novembre* 1805.)	Instruction pour les préposés au recensement et au mesurage des bois et charbons......................	I	291
15 mai.... 1809	Ordonnance pour la fixation des heures d'ouverture de la vente du bois dans les chantiers et à l'île Louviers....................................	I	419
29 septembre 1810	Ordonnance concernant le commerce des bois coursins, tortillards ou défectueux..........................	I	481
4 mai.... 1812	Ordonnance concernant le commerce de bois de chauffage à l'île Louviers	I	569
26 décembre 1812	Arrêté portant instruction pour le recensement et la surveillance du mesurage des bois et charbons dans Paris..	I	596
27 octobre.. 1824	Ordonnance concernant la vente des falourdes, fagots, cotrets et margolins..........................	II	315
27 juin.... 1829	Ordonnance concernant la suppression de la vente des fagots et cotrets sur la rivière......................	II	477
1er septembre 1834	Ordonnance concernant les chantiers de bois de chauffage..	III	91
1er novembre 1834	Ordonnance concernant le mesurage du bois de chauffage dans le ressort de la préfecture de police.......	III	98
25 novembre 1834	Ordonnance concernant les chantiers des bois de chauffage..	III	100
15 décembre 1835	Ordonnance concernant le mesurage du bois de chauffage dans le ressort de la préfecture de police......	III	122
15 décembre 1835	Description de la membrure double stère, pour le mesurage du bois de chauffage........................	III	125
6 juin.... 1837	Ordonnance concernant la circonscription des chantiers des bois de chauffage..........................	III	497
	V. *Rivières et ports.*		
	BOIS DE FAIX.		
28 août.... 1813	Arrêté concernant l'arrivage et la vente des bois de faix..	I	629
	BOISSONS.		
15 février.. 1819	Ordonnance concernant le transport des boissons, des barrières à l'entrepôt, et de l'entrepôt aux barrières.	II	151
	BOITES.		
	V. *Artifices.*		
	BOITES DE SECOURS.		
1er janvier.. 1836	État des boîtes de secours existant dans Paris, avec indication des lieux où elles sont déposées..........	III	135
1er janvier.. 1836	Détail des objets contenus dans les boîtes ou armoires de secours..	III	145
	V. *Asphyxiés.*		

DATES.	DÉSIGNATION DES MATIÈRES.	Volumes.	Pages.
	BOITES-ENTREPOTS.		
25 août.... 1806	État indicatif de leur placement dans Paris..........	I	335
25 août.... 1806	État id. hors Paris....................	I	337
	BOITES FUMIGATOIRES.		
	V. *Noyés.*		
	BOMBES.		
	V. *Artifices.*		
	BONNETERIE.		
	V. *Marchés.*		
	BORNES-FONTAINES.		
	V. *Porteurs d'eau.*		
	BOSSE-DE-MARNE.		
21 mai 1828	Ordonnance concernant la construction du pont de la Bosse-de-Marne..............................	II	416
17 février .. 1832	Ordonnance concernant le billage du pont de la Bosse-de-Marne..............................	III	5
25 octobre. 1840	Ordonnance concernant la police de la navigation (art. 19 *et suiv.*)............................	III	377
	BOUCHERIE.		
9 germinal an VIII (*30 mars 1800.*)	Arrêté concernant le commerce de la viande.........	I	5
16 vendém. an XI (*8 octobre 1802.*)	Ordonnance concernant le commerce de la boucherie..	I	158
15 frimaire an XI (*6 décembre 1802.*)	Ord. id.	I	168
15 nivôse an XI (*5 janvier 1803.*)	Ord. id.	I	171
15 nivôse an XI (*5 janvier 1803.*)	Instruction concernant les dispositions requises pour les établissements de boucherie..................	I	172
24 vendém. an XII (*17 octobre 1803.*)	Ordonnance concernant le commerce de la boucherie dans les communes rurales du ressort de la préfecture de police..................................	I	205
3 brumaire an XII (*26 octobre 1803.*)	Ordonnance portant établissement d'un marché à Paris pour la vente des vaches propres à la boucherie.	I	206
25 brumaire an XII (*17 nov. 1803.*)	Ordonnance concernant la vente, la préparation et la cuisson des tripes..............................	I	207
25 brumaire an XII (*17 nov. 1803.*)	Ordonnance portant suppression de la vente en gros de la viande sur le carreau de la halle à Paris.........	I	208
25 brumaire an XII (*17 nov. 1803.*)	Ordonnance concernant les étaliers et les garçons bouchers..................................	I	209

DATES.	DÉSIGNATION DES MATIÈRES.	Volumes.	Pages.
4 floréal an XII (24 *avril* 1804.)	Ordonnance concernant le commerce de la charcuterie..........	I	229
3 fructidor an XI[1] (21 *août* 1804.)	Ordonnance concernant le placement des étaliers et garçons bouchers, charcutiers, chandeliers et ouvriers fabricants de suif brun..........	I	254
15 juillet... 1808	Ordonnance concernant la vente de viande par les bouchers forains..........	I	387
5 novembre 1808	Ordonnance concernant l'alternat des marchands bouchers à la halle à la viande..........	I	400
29 janvier.. 1811	Ordonnance concernant les étalages des bouchers et des charcutiers..........	I	493
26 mars ... 1811	Ordonnance concernant la vente de la viande de boucherie à la halle de Paris..........	I	505
28 mai 1812	Ordonnance concernant la vente, la préparation et la cuisson des tripes..........	I	574
27 septembre 1815	Ordonnance concernant l'alternat des charcutiers de Paris à la halle..........	II	22
25 novembre 1817	Ordonnance concernant la vente de la viande à la halle de Paris par les bouchers forains..........	II	97
2 avril.... 1818	Ordonnance concernant les bouchers et charcutiers qui approvisionnent le marché de la rue des Prouvaires..	II	103
19 novembre 1818	Ordonnance concernant le commerce de la triperie....	II	125
25 novembre 1819	Ord. id.	II	158
4 juin.... 1823	Ordonnance pour l'ouverture des étaux de boucherie et de charcuterie dans les marchés Saint-Germain, des Carmes et des Blancs-Manteaux..........	II	257
25 novembre 1823	Ordonnance concernant l'ouverture des étaux de boucherie et de charcuterie dans le marché des Patriarches..........	II	278
19 juillet... 1824	Ordonnance concernant le commerce de la triperie....	II	307
3 octobre.. 1827	Ordonnance concernant les bouchers, charcutiers et tripiers de Paris, et les bouchers et charcutiers forains approvisionnant les marchés..........	II	389
13 mai..... 1828	Ordonnance concernant le commerce de la triperie au marché des Prouvaires..........	II	415
25 mars ... 1830	Ordonnance concernant le régime et la discipline intérieure du commerce de la boucherie de Paris.......	II	543
	V. *Marchés, Vaches.*		
	BOUES ET IMMONDICES.		
23 novembre 1831	Ordonnance qui interdit l'enlèvement des boues et immondices aux habitants de la campagne et autres personnes étrangères au service du nettoiement de Paris..........	II	614
	V. *Balayage, Dépôt d'engrais.*		
	BOUGIE.		
	V. *Chandelles.*		

DATES.	DÉSIGNATION DES MATIÈRES.	Volumes.	Pages.
	BOULANGERIE.		
16 brumaire an X (*7 novemb. 1801.*)	Ordonnance concernant le commerce de la boulangerie............	I	117
23 ventôse an XI (*14 mars 1803.*)	Ordonnance concernant les garçons boulangers........	I	184
25 prairial an XII (*14 juin 1804.*)	Ordonnance concernant le commerce de la boulangerie dans les communes rurales du ressort de la préfecture de police............	I	236
10 mars.... 1808	Ordonnance concernant la fabrication du pain au poids métrique............	I	374
16 décembre 1816	Arrêté concernant les visites à faire chez les boulangers............	II	67
1er mai.... 1817	Ordonnance portant défense de faire sortir du pain de Paris............	II	78
9 juin.... 1817	Ordonnance concernant la boulangerie de Paris........	II	80
21 novembre 1818	Arrêté contenant des mesures pour assurer l'exécution de l'ordonnance du roi en date du 21 octobre 1818, concernant la boulangerie............	II	127
13 avril.... 1819	Ordonnance concernant les garçons boulangers........	II	139
24 juin.... 1823	Ordonnance concernant la taxe périodique du pain à Paris............	II	265
8 avril.... 1824	Ordonnance concernant la marque du pain...........	II	296
27 mai.... 1827	Arrêté concernant les garçons boulangers............	II	380
30 mai.... 1837	Arrêté relatif à l'exécution de l'ordonnance royale du 10 juillet 1836............	III	187
29 août.... 1842	Arrêté portant que les boulangers de Paris verseront au grenier d'abondance les trois cinquièmes de leur approvisionnement particulier en farines, approuvé le 3 octobre 1842, par M. le ministre de l'agriculture et du commerce............	III	350
	V. *Pain, Versement.*		
	BOULE-DOGUES.		
	V. *Chiens.*		
	BOUQUINISTES.		
31 octobre.. 1822	Ordonnance concernant les étalagistes, soit bouquinistes ou marchands de livres, soit marchands de gravures, lithographies, tableaux ou d'autres objets d'art établis sur la voie publique............	II	243
19 septembre 1829	Ordonnance concernant les bouquinistes et étalagistes de livres............	II	511
	BOURSE.		
1er thermidor an IX. (*20 juillet 1801.*)	Ordonnance concernant la police de la Bourse..........	I	92

DATES.	DÉSIGNATION DES MATIÈRES.	Volumes.	Pages.
29 fructidor an x (16 *sept.* 1802.)	Ord. id.	I	137
2 octobre.. 1809	Ord. concernant la translation et la police de la Bourse.	I	424
18 mars.... 1818	Ord. id.	II	104
14 avril ... 1819	Ord. concernant la police de la Bourse de Paris.	II	140
24 janvier.. 1823	Ord. id.	II	252
2 novembre 1826	Ord. concernant la translation et la police de la Bourse.	II	371
6 novembre 1830	Ord. concernant la police de la Bourse	II	386
12 janvier.. 1831	Ord. id.	II	395
	BOUTIQUES.		
	V. *Poisson d'eau douce.*		
	BOYAUDIERS.		
14 avril.... 1819	Ordonnance concernant les boyaudiers et les fabricants de cordes à instruments	II	140
	BRAISE.		
13 octobre.. 1823	Instruction rédigée par le conseil de salubrité, sur les dangers auxquels exposent les vapeurs de la braise..	II	272
	BRANCARDS.		
	V. *Boites-Entrepôts.*		
	BRASSERIE.		
7 septembre 1813	Ordonnance concernant le commerce de la brasserie...	I	652
	BREVETS D'INVENTION.		
5 juillet... 1844	Extrait de la loi sur les brevets d'invention	III	797
26 octobre.. 1844	Ordonnance concernant les brevets d'invention	III	797
	BRIC-A-BRAC.		
	V. *Halle aux veaux.*		
	BRICHE-SAINT-DENIS.		
25 octobre.. 1840	Ordonnance sur la police de la navigation, (ch. V, § 7.)	III	590
	BROCANTEURS.		
4 germinal an x (25 *mars* 1802.)	Ordonnance concernant les brocanteurs	I	134
29 avril.... 1806	Ord. concernant les brocanteurs et les ventes publiques	I	310

DATES.	DÉSIGNATION DES MATIÈRES.	Volumes.	Pages.
15 novembre 1822	Ord. concernant les brocanteurs.	II	245
5 septembre 1828	Ord. id.	II	456
15 juin.... 1831	Ord. id.	II	624
	C.		
	CABARETS.		
	V. *Lieux publics.*		
	CABRIOLETS.		
	V. *Voitures.*		
	CABRIOLETS DE L'EXTÉRIEUR.		
26 mai.... 1837	Arrêté relatif à la construction des cabriolets de l'extérieur.	III	187
15 janvier.. 1841	Arrêté qui fixe le mode de construction des voitures de place.	III	445
	CADAVRES.		
9 floréal an VIII (29 avril 1800.)	Arrêté concernant la levée des cadavres.	I	11
2 décembre 1822	Ordonnance concernant les secours à donner aux noyés, asphyxiés, etc., et les mesures de police à prendre pour la levée des cadavres.	II	245
	V. *Amphithéâtre, Cours de dissection, Décès, Morgue, noyés.*		
	CAFÉS.		
	V. *Lieux publics.*		
	CAISSES ET POTS A FLEURS.		
1er avril... 1818	Ordonnance concernant les caisses, pots à fleurs et autres objets dont la chute peut causer des accidents.	II	106
23 octobre.. 1844	Ord. id.	III	796
	CANAUX.		
11 mai.... 1821	Ordonnance concernant les mesures de police à l'occasion de l'ouverture du canal Saint-Denis.	II	196
10 juin.... 1826	Ord. concernant le canal Saint-Martin.	II	356
20 avril.... 1834	Ord. concernant la navigation et la police de ce canal.	III	75

2

DATES.	DÉSIGNATION DES MATIÈRES.	Volumes.	Pages.
20 avril.... 1834	Ord. concernant la navigation et la police des canaux de Saint-Denis et de l'Ourcq..................	III	69
	V. *Navigation.* (Ord. du 25 octobre 1840, art. 5 *et suivants.*)		
	CANNES.		
10 décembre 1841	Arrêté concernant la rétribution du dépôt des cannes dans les établissements publics..................	III	541
	CANNES ARMÉES.		
	V. *Armes prohibées.*		
	CAPRARA (Cardinal de).		
	Ses obsèques. V. *Cérémonies funèbres.*		
	CAPSULES ET ALLUMETTES FULMINANTES.		
21 mai.... 1838	Ordonnance concernant le transport des capsules et autres amorces fulminantes..................	III	253
21 mai.... 1838	Ord. concernant la conservation et la vente des capsules, etc..................	III	254
	CARMES.		
	V. *Marché des Carmes, Boucherie.*		
	CARNAVAL.		
21 pluviôse an IX (10 *février* 1801.)	Ordonnance concernant les travestissements et déguisements..................		74
14 février.. 1820	Ord. concernant la circulation des masques..........	II	164
10 février.. 1828	Ord. concernant les masques..................	II	397
10 février.. 1830	Ord. id.	II	538
23 février.. 1843	Ord. concernant la police des masques..............	III	379
23 février.. 1843	Arrêté concernant les mesures d'ordre à observer à l'occasion du carnaval dans la ville de Saint-Denis, etc.	III	380
13 février.. 1844	Ord. concernant la police des masques..............	III	689
	V. *Bals.*		
	CARRIÈRES.		
2 ventôse an IX (21 *février* 1801.)	Ordonnance concernant la police des carrières..........	I	76
23 ventôse an X (14 *mars* 1802.)	Ord. id.	I	127
16 février.. 1811	Ord. concernant les échelles des carrières à puits...	I	407
	CARRIÈRES-CHARENTON.		
6 février. 1827	Ordonnance concernant la police de ce port..........	II	375

DATES.	DÉSIGNATION DES MATIÈRES.	Volumes.	Pages.
25 octobre.. 1840	Ord. concernant la police de la navigation (art. 76 *et suivants*)........	III	387
	CARROSSES.		
	V. *Voitures.*		
	CARTES DE SURETÉ.		
	V. *Passe-ports.*		
	CAVES.		
	V. *Eau.*		
	CÉRÉMONIES FUNÈBRES.		
25 mai.... 1808	Ordonnance concernant la translation du cœur du maréchal Vauban à l'hôtel des Invalides..........	I	382
23 juin.... 1808	Ord. concernant l'inhumation de Son Éminence le cardinal de Belloy..........	I	385
30 juin.... 1810	Mesures de police à l'occasion des honneurs funèbres décernés au maréchal duc de Montebello..........	I	474
21 juillet... 1810	Mesures de police à l'occasion des obsèques du cardinal Caprara..........	I	475
19 janvier.. 1815	Mesures de police à l'occasion de la translation des dépouilles mortelles du roi Louis XVI et de la reine, à Saint-Denis..........	II	3
21 septembre 1824	Mesures de police à l'occasion du transport du corps du roi Louis XVIII, dans l'église Saint-Denis.......	II	512
	CÉRÉMONIES RELIGIEUSES.		
1 mai.... 1833	Arrêté concernant l'interdiction des cérémonies religieuses hors des édifices qui leur sont destinés.....	III	40
	V. *Te Deum.*		
	CHAMBRES.		
15 mars.... 1815	Mesures de police relatives à la séance de la chambre des députés du 16 mars..........	II	12
6 juin.... 1815	Ouverture de la session..........	II	18
2 novembre 1816	Messe du Saint-Esprit et ouverture de la session......	II	65
26 février.. 1830	Messe. id.	II	539
	CHAMP-DE-MAI.		
30 mai.... 1815	Cérémonies à l'occasion de l'acceptation de la Constitution..........	II	14
3 juin.... 1815	Fêtes et divertissements à cette occasion..........	II	16

DATES.	DÉSIGNATION DES MATIÈRES.	Volumes.	Pages.
	CHAMPIGNONS.		
1er mai.... 1809	Ordonnance concernant la vente des champignons..... Instruction sur le même sujet........................	I	412
12 juin.... 1820	Vente des champignons................................	II	174
	CHANDELIERS (Ouvriers).		
3 fructidor an XII (21 *août* 1804.)	Placement des ouvriers................................	I	254
27 décembre 1814	Fabrication et vente de la chandelle et de la bougie...	I	671
18 avril.... 1818	Apposition sur les paquets de chandelle d'une marque indicative du poids, etc..............................	II	112
	CHANTEURS.		
	V. *Saltimbanques.*		
	CHANTIERS.		
	V. *Bois de chauffage, Voitures pour le service des ports et des chantiers, Rivières et Ports.*		
	CHAPELIERS.		
28 novembre 1809	Ordonnance concernant les chapeliers..................	I	430
12 juillet... 1818	Ord. id.	II	115
	CHARBON.		
	V. *Epizooties.*		
	CHARBONS DE BOIS.		
20 pluviôse an XII (10 *février* 1804.)	Ordonnance concernant le commerce du charbon de bois..	I	218
5 ventôse an XII (25 *février* 1804.)	Barrières par lesquelles les charbons doivent entrer dans Paris..	I	225
4 vendém. an XIV (26 *sept.* 1805.)	Barrières. id.	I	288
9 frimaire an XIV (30 *nov.* 1805.)	Instruction pour les préposés au mesurage des bois et charbons...	I	291
18 mars... 1808	Charbons de bois arrivant par eau....................	I	575
2 mars... 1810	Porteurs de charbon et garçons de pelle..............	I	445
2 décembre 1812	Commerce de charbon de bois..........................	I	590
26 décembre 1812	Instruction pour le recensement et le mesurage des bois et charbons.......................................	I	596
29 janvier.. 1817	Ouvriers employés au commerce et au transport du charbon de bois.......................................	II	69
24 février.. 1817	Vente du charbon arrivant par terre..................	II	72
26 septembre 1821	Mise en vente de trois tas de charbon................	II	205

DATES.	DÉSIGNATION DES MATIÈRES.	Volumes.	Pages.
30 septembre 1826	Commerce du charbon de bois	II	360
25 mars... 1831	Plombage des sacs	III	38
15 décembre 1834	Vente	III	102
	V. *Marché de la rue Cisalpine et du Roule.*		
	CHARBON DE TERRE.		
8 avril.... 1817	Ordonnance concernant le commerce de charbon de terre	I	349
12 janvier.. 1822	Vente. id.	II	207
25 octobre.. 1840	Id. Ord. concernant la police de la navigation (art. 97 *et suiv.*)	III	391
	CHARCUTERIE.		
19 décembre 1835	Ordonnance concernant les établissements de charcuterie dans Paris. — Mesures d'ordre et de salubrité..	III	125
»	Instruction sur le même sujet	III	126
	V. *Boucherie, Porcs,* etc.		
	CHARENTON (Gare de).		
30 juillet... 1829	Ordonnance concernant la Gare de Charenton	II	491
	CHARGEURS.		
	V. *Ouvriers.*		
	CHARLES X.		
	V. *Entrées, Sacre.*		
	CHARPENTIERS.		
7 décembre 1808	Ordonnance concernant les maîtres et les garçons charpentiers	I	406
	CHARRETIERS.		
	V. *Voitures, Voituriers.*		
	CHARRETTES.		
21 novembre 1814	Mesures pour empêcher que la circulation des charrettes n'occasionne des accidents	I	668
	CHASSE.		
2 ventôse an x (21 *février* 1802.)	Ordonnance concernant la prohibition de la chasse....	I	126
17 thermidor an xi (5 *août* 1803.)	Ord. concernant l'ouverture	I	197

DATES.	DÉSIGNATION DES MATIÈRES.	Volumes.	Pages.
27 août.... 1806	Ord. concernant l'ouverture de la chasse............	I	538
27 août.... 1812	Ord. id.	I	584
23 août.... 1822	Exercice de la chasse dans le petit parc de Vincennes.	II	240
23 février.. 1843	Prohibition de la chasse..........................	III	581
22 août.... 1843	Ouverture	III	645
19 février.. 1844	Prohibition..	III	690
13 mai.... 1844	Ordonnance portant que la loi du 3 mai 1844 sera imprimée et affichée..............................	III	729
13 mai.... 1844	Avis concernant la vente, l'achat le transport et le colportage du gibier..............................	III	729
17 août.... 1844	Ouverture de la chasse..............................	III	765
14 décembre 1844	Interdiction de la chasse en temps de neige..........	III	815
	CHEFS DE PONTS.		
22 avril.... 1822	Cahier des charges de l'adjudication du service des chefs de ponts de Paris..............................	II	217
25 octobre.. 1840	Ordonnance concernant la police de la navigation, cahier des charges du chef des ponts..................	III	412
25 octobre.. 1840	Tarif pour le passage sous les ponts................	III	448
	V. *Lâchage et Remontage.*		
	CHEMIN DE FER DE PARIS A ORLÉANS.		
29 avril.... 1843	Ordonnance concernant la police et l'exploitation de ce chemin..	III	605
29 avril.... 1843	Tarif pour le transport des voyageurs, bagages, etc..	III	614
20 juillet... 1844	Tarif. id	III	736
4 septembre 1844	Réduction dans les prix fixés par le tarif précédent...	III	768
	SECTION DE CORBEIL.		
19 septembre 1840	Arrêté concernant la police du chemin de fer de Paris à Orléans (section de Corbeil)....................	III	357
6 novembre 1840	Arrêté portant homologation du règlement concernant les heures de départ des convois et la distribution des billets..	III	420
16 mai.... 1842	Mesures de précautions pour prévenir les accidents...	III	531
14 septembre 1842	Fixation du minimum d'intervalle entre le départ de deux convois successifs..............................	III	557
12 novembre 1842	Tarifs des prix à percevoir pour le transport des voyageurs, des bagages, etc..............................	III	566
22 novembre 1844	Tarif. id.	III	799
	CHEMIN DE PARIS A ROUEN.		
3 mai.... 1843	Ordonnance concernant la police du chemin de fer de Paris à Rouen..	III	626

DATES.	DÉSIGNATION DES MATIÈRES.	Volumes.	Pages.
3 mai.... 1843	Tarif pour le transport des voyageurs....................	III	633
9 août.... 1843	Ord. relative au chemin de fer de Paris à Rouen, en ce qui concerne les stations de Colombes, de l'Étoile-de-Conflans et de Rosny........................	III	642
10 mai.... 1844	Tarif pour le transport des bagages, marchandises, etc.	III	715
16 août.... 1844	Réduction dans le prix de transport de la fonte en gueuse, du plomb en saumon, etc................	III	761
17 octobre.. 1844	Tarif pour le transport des voyageurs et de leurs bagages..	III	773
	CHEMIN DE FER DE PARIS A SAINT-CLOUD.		
11 septembre 1838	Arrêté concernant la police du chemin de fer de Paris à Saint-Cloud..	III	274
	V. *Chemin de fer de Paris à Saint-Germain.*		
	CHEMIN DE FER DE PARIS A SAINT-GERMAIN.		
9 avril.... 1837	Ordonnance portant défense de s'introduire dans l'enceinte fermée de ce chemin de fer................	III	180
26 août.... 1837	Mesures de police..	III	205
13 décembre 1839	Arrêté concernant la police du chemin de fer de Paris à Saint-Germain..	III	332
14 décembre 1840	Arrêté concernant les tarifs de transports............	III	426
20 mai.... 1842	Tarif du transport des voyageurs allant de Clichy à Paris...	III	553
10 avril.... 1843	Tarif pour le transport des marchandises et autres objets sur les chemins de fer de Paris à Saint-Germain et de Paris à Versailles (r. d.)........................	III	590
25 août.... 1843	Tarif du transport des voyageurs de Paris et de Saint-Germain à Colombes et *vice versâ*................	III	643
14 juin.... 1844	Tarif pour le transport des voyageurs, des chevaux, etc., sur les chemins de fer de Paris à Saint-Germain et de Paris à Versailles (r. d.)........................	III	729
16 septembre 1844	Suspension du service de la station de Clichy........	III	769
31 octobre.. 1844	Tarif applicable aux chemins de fer de Paris à Saint-Germain et de Paris à Versailles (r. d.)...........	III	798
	CHEMIN DE FER DE PARIS A VERSAILLES (r. d.).		
8 août.... 1839	Arrêté concernant la police du chemin de fer.........	III	314
6 septembre 1839	Service du chemin de fer................................	III	315
18 mai.... 1842	Mesures de précaution pour prévenir les accidents....	III	529
24 septembre 1842	Fixation du minimum d'intervalle entre le départ de deux convois successifs..............................	III	556
10 avril.... 1843	Tarif pour le transport des marchandises et autres objets..	III	590
14 juin.... 1844	Tarif pour le transport des voyageurs, etc............	III	729

DATES.	DÉSIGNATION DES MATIÈRES.	Volumes.	Pages.
	COMMISSAIRES DE POLICE.		
26 août.... 1842	Arrêté concernant le costume des commissaires de police....	III	350
	COMMISSIONNAIRES.		
29 juillet... 1811	Ordonnance concernant les commissionnaires stationnant sur la voie publique....	I	532
1er juillet.. 1839	Ord. concernant les commissionnaires déchargeurs aux barrières et les commissionnaires de Paris et des communes rurales....	III	310
	COMMUNES RURALES.		
	V. *Bois de chauffage, Boucherie, Boulangerie, Hôtels garnis, Police rurale.*		
	CONCERTS.		
	V. *Spectacles* (Recettes des).		
	CONFÉDÉRÉS.		
12 mai.... 1815	Mesures d'ordre à observer à l'occasion de la présentation des confédérés des faubourgs Saint-Antoine et Saint-Marceau à S. M. l'Empereur....	II	13
	CONSCRITS.		
11 prairial an VIII (31 *mai* 1800.)	Ordonnance concernant les conscrits et les réquisitionnaires....	I	47
29 pluviôse an IX (18 *février* 1801.)	Bureaux de remplacement pour les réquisitionnaires et conscrits....	I	75
	V. *Marins, Militaires.*		
	CONVOIS FUNÈBRES.		
1er février.. 1835	Ordonnance concernant les convois funèbres....	III	108
	V. *Cérémonies funèbres.*		
	COR.		
30 septembre 1837	Ordonnance concernant le bruit du cor, dit trompe de chasse dans Paris....	III	212
	CORDES A INSTRUMENTS.		
	V. *Boyaudiers.*		
	CORPS LÉGISLATIF.		
5 nivôse an XIII (26 *déc.* 1804.)	Ouverture de la session du corps législatif....	I	270

DATES.	DÉSIGNATION DES MATIÈRES.	Volumes.	Pages.
1er décembre 1809	Cérémonie du *Te Deum* à l'ouverture de la session du Corps législatif..........................	I	432
31 mai.... 1814	Mesures de police relatives à la convocation du Corps législatif..........................	I	647
	COTRETS.		
	V. *Bois de chauffage.*		
	COUCOUS.		
	V. *Cabriolets de l'extérieur.*		
	COUPÉS.		
	V. *Voitures de place, de Remise.*		
	COUPOIRS.		
	V. *Laminoirs.*		
	COURONNEMENT.		
22 brumaire an XIII (13 *nov.* 1804.)	Mesures à prendre avant l'époque du couronnement de S. M. l'Empereur..........................	I	261
8 frimaire an XIII (29 *nov.* 1804.)	Couronnement de LL. MM. Impériales..............	I	265
21 frimaire an XIII (12 *déc.* 1804.)	Fête donnée par le Sénat à l'occasion du couronnement.	I	267
22 frimaire an XIII (13 *déc.* 1804.)	Mesures relatives à la fête donnée à LL. MM. Impériales, par la ville de Paris..........................	I	268
3 décembre 1806	Anniversaire du couronnement de S. M. l'Empereur et de la bataille d'Austerlitz..........................	I	346
24 novembre 1809	Dispositions préliminaires à l'anniversaire du couronnement..........................	I	428
3 décembre 1813	Anniversaire du couronnement et de la bataille d'Austerlitz..........................	I	637
	COURS DE DISSECTION.		
1er brumaire an X (23 *oct.* 1801.)	Ordonnance concernant les cours de dissection........	I	112
	V. *Amphithéâtres.*		
	COURS DES EFFETS PUBLICS.		
	V. *Bourse.*		
	COURSES DE CHEVAUX.		
29 messidor an VIII (18 *juillet* 1800.)	Ordonnance concernant les courses au Champ de Mars..........................	I	29
22 septembre 1809	Avis relatif aux chiens pendant les courses.........	I	424

DATES.	DÉSIGNATION DES MATIÈRES.	Volumes.	Pages.
	DÉPOT DE MATÉRIAUX.		
20 mai.... 1822	Ordonnance concernant les mesures à prendre pour garantir la sûreté de la circulation dans le cas de dépôt de matériaux..............................	II	225
	DÉPOTS ET PROJECTIONS SUR LA VOIE PUBLIQUE.		
1er avril... 1843	Ordonnance concernant le balayage et la propreté de la voie publique, (titre III)........................	III	384
1er octobre 1844	Ord. id.	III	772
	DÉROULEURS.		
	V. *Ouvriers et Vins.*		
	DÉSINFECTION.		
9 août.... 1814	Instruction concernant les procédés de désinfection...	I	651
	V. *Chlorure de chaux, Epizootie.*		
	DESSINS.		
	V. *Colporteurs, Ecrits.*		
	DEVANTURES.		
	V. *Saillies.*		
	DILIGENCES.		
	V. *Voitures publiques.*		
	DIMANCHES ET FÊTES.		
7 juin.... 1814	Ordonnance concernant l'observation des dimanches et fêtes..	I	640
	DISPENSAIRE.		
16 décembre 1828	Arrêté portant suppression de la taxe établie pour assurer le service médical du dispensaire.............	II	432
	DISSECTION.		
	V. *Cours de dissection, Amphithéâtre d'anatomie et de chirurgie, Autopsie.*		
	DOMESTIQUES.		
15 germinal an X (5 avril 1802.)	Ordonnance concernant la livrée des domestiques.....	I	176
22 novembre 1810	Ord. concernant les domestiques.....................	I	489
13 janvier.. 1811	Ord. id.	I	492

DATES.	DÉSIGNATION DES MATIÈRES.	Volumes.	Pages.
	ÉCHELLES.		
	V. *Carrières.*		
	ÉCHENILLAGE.		
2 pluviôse an IX (22 *janvier* 1801.)	Ordonnance concernant l'échenillage	I	66
29 janvier.. 1810	Ord. id.	I	444
26 février.. 1844	Ord. id.	III	691
	ÉCLAIRAGE.		
20 décembre 1824	Ordonnance concernant les établissements d'éclairage par le gaz hydrogène	II	319
31 mai.... 1842	Ord. concernant les conduits et appareils d'éclairage par le gaz dans l'intérieur des habitations	III	538
31 mai.... 1842	Avis relatif à l'éclairage par le gaz et aux précautions à prendre dans son emploi	III	540
	ÉCOLES DE PHARMACIE.		
	V. *Pharmacie.*		
	ÉCOLES DE NATATION.		
	V. *Bains en rivière.*		
	ÉCRITS.		
16 novembre 1829	Ordonnance concernant les crieurs d'écrits imprimés, dessins ou gravures	II	524
26 juillet... 1830	Ord. sur les écrits imprimés	II	575
19 octobre.. 1833	Arrêté concernant le colportage des écrits sur la voie publique	III	58
22 février.. 1834	Ordonnance concernant les crieurs, chanteurs, vendeurs et distributeurs d'écrits, dessins, etc	III	62
19 octobre.. 1839	Ord. concernant les crieurs, chanteurs, vendeurs et distributeurs d'écrits, etc	III	525
	ÉGLISE (Sainte-Geneviève).		
1er janvier.. 1822	Ordonnance concernant l'ouverture et la bénédiction de la nouvelle église Sainte-Geneviève	I	266
	ÉGOUTS.		
1er floréal an XIII (21 *avril* 1805.)	Ordonnance autorisant les commissaires de police à faire procéder à l'ouverture des portes donnant sur les égouts	I	277
8 juillet... 1811	Égout Montmartre et galerie souterraine le long des rues du Mail, des Petits-Pères, etc	I	524
24 juillet... 1812	Mesures d'ordre pendant l'exécution des travaux d'une		

DATES.	DÉSIGNATION DES MATIÈRES.	Volumes.	Pages.
	galerie souterraine dans le quartier de la place Vendôme..........	I	381
18 mai..... 1829	Mesures d'ordre à observer pendant la construction de deux égouts dans les rues de Poitiers, Jacob, etc....	II	469
	V. *Puits et Puisarts.*		
	ÉLÈVES EN PHARMACIE.		
	V. *Pharmacie.*		
	EMBAUMEMENT.		
	V. *Autopsie.*		
	ÉMEUTE.		
	V. *Attroupement.*		
	EMPEREUR.		
	V. *Couronnement, Fête du chef de l'État, Mariage.*		
	ENFANTS TROUVÉS.		
25 octobre.. 1837	Ordonnance rendue pour l'exécution d'un arrêté du conseil général des hospices de Paris, concernant les enfants trouvés et abandonnés..........	III	214
3 juin.... 1842	Ord. concernant le travail des enfants dans les manufactures..........	III	541
	ENGRAIS.		
	V. *Dépôt d'.*		
	ENTRÉES (dans Paris).		
8 juillet... 1815	Ordonnance relative à la rentrée du roi Louis XVIII dans la capitale..........	II	19
30 novembre 1823	Ord. concernant l'entrée de son A. R. le duc d'Angoulême dans la capitale..........	II	279
13 décembre 1823	Ord. concernant les fêtes et réjouissances publiques à l'occasion du retour de son A. R. le duc d'Angoulême..........	II	284
25 septembre 1824	Ord. concernant l'entrée du roi Charles X dans la ville de Paris..........	II	314
3 juin.... 1837	Ord. concernant les mesures d'ordre à observer à l'occasion de l'entrée du roi Louis-Philippe dans Paris..........	III	196
	ENTREPÔT DES VINS ET EAUX-DE-VIE.		
25 octobre.. 1840	Ordonnance concernant la police de la navigation, (art. 92 *et suiv.*)..........	III	390

DATES.	DÉSIGNATION DES MATIÈRES.	Volumes.	Pages.
	ENVERGUEURS ET PAREURS DE CORDES.		
	V. *Hallage.*		
	ÉPÉE DU GRAND FRÉDÉRIC.		
	V. *Drapeaux.*		
	ÉPÉES.		
	V. *Armes prohibées.*		
	ÉPIZOOTIES.		
16 vendém. an X (8 octobre 1801.)	Ordonnance concernant le claveau des moutons.......	I	108
16 vendém. an X (8 octobre 1801.)	Désinfection des bergeries...........................	I	109
5 fructidor an XI (23 août 1803.)	Ordonnance concernant les bestiaux malades.........	I	199
»	Instruction sur ce sujet............................	I	200
26 mars... 1816	Instruction du conseil de salubrité sur la désinfection des étables et les moyens de préserver les bestiaux de l'épizootie..............................	II	52
16 avril... 1825	Ordonnance concernant les chevaux et autres animaux atteints de maladies contagieuses..................	II	525
31 août.... 1842	Ord. concernant les chevaux et autres animaux vicieux ou atteints de maladies contagieuses..............	III	551
	ÉQUARRISSEURS.		
24 août.... 1811	Ordonnance concernant les équarrisseurs.............	I	555
15 octobre.. 1841	Ord. concernant l'ouverture et la police de l'abattoir et de l'atelier d'équarrissage établis à Aubervilliers..	III	501
15 septembre 1842	Ord. concernant les équarrisseurs....................	III	558
	ESCAMOTEURS.		
	V. *Saltimbanques.*		
	ESTRAPADE.		
	V. *Marché du Panthéon.*		
	ÉTABLISSEMENTS INSALUBRES.		
12 février.. 1806	Ordonnance concernant les ateliers, manufactures et laboratoires	I	308
5 novembre 1808	Ord. concernant les manufactures et ateliers qui répandent une odeur insalubre ou incommode.........	I	434
20 février.. 1815	Ord. qui prescrit l'impression et la publication de l'ordonnance royale du 14 janvier 1815..............	II	8

DATES.	DÉSIGNATION DES MATIÈRES	Volumes.	Pages.
30 novembre 1837	Ord. concernant les établissements dangereux, insalubres ou incommodes..........	III	215
	ÉTALAGES.		
3 floréal an VIII (23 *avril* 1800.)	Arrêté concernant les étalages mobiles................	I	9
24 avril.... 1817	Ordonnance concernant les étalages mobiles sur la voie publique..	II	77
23 juin.... 1819	Ord. id.	II	143
8 novembre 1819	Ord. id.	II	155
21 août.... 1822	Ord. id	II	238
15 novembre 1822	Ord. concernant les brocanteurs..................	II	245
2 décembre 1822	Ord. concernant la tolérance accordée aux étalagistes, à l'occasion du jour de l'an.....................	II	249
19 juin.... 1830	Ord. concernant les étalages mobiles.................	II	568
1er octobre 1830	Ord. concernant les étalagistes sédentaires...........	II	582
20 janvier.. 1832	Ordonnance concernant les étalagistes et autres personnes stationnant sur la voie publique pour y exercer une industrie................................	III	4
	V. *Bouquinistes, Ferrailleurs*, etc.		
	ÉTALIERS.		
	V. *Boucherie.*		
	ÉTRANGERS.		
18 nivôse an IX (8 *janvier* 1801.)	Ordonnance concernant les étrangers à la commune de Paris..	I	64
25 pluviôse an XI (14 *février* 1803.)	Ord. concernant les étrangers à la ville de Paris, qui logent dans des maisons particulières.............	I	179
10 juin.... 1820	Ord. concernant les étrangers à la ville de Paris......	II	171
19 novembre 1831	Ord. id.	II	641
	V. *Hôtels garnis.*		
	EXÉCUTION DE DIVERS RÈGLEMENTS.		
16 août.... 1830	Ordonnance qui prescrit l'exécution de divers règlements et ordonnances	II	574
	F		
	FAGOTS.		
	V. *Bois de chauffage.*		
	FAIX.		
	V. *Bois de faix.*		

DATES.	DÉSIGNATION DES MATIÈRES.	Volumes.	Pages.
23 août... 1814	Ord. concernant des mesures de police à l'occasion du jour de la Saint-Louis..........	I	639
23 août... 1824	Ord. id.	II	309
1er novembre 1828	Mesures d'ordre à observer à l'occasion du jour de la Saint-Charles..........	II	541
31 octobre.. 1829	Ord. id.	II	520
28 avril... 1831	Mesures d'ordre à observer à l'occasion de la Saint-Philippe, fête du roi..........	II	611
28 avril... 1843	Mesure d'ordre à observer dans Paris le 1er mai, fête du roi..........	III	601
27 avril.... 1844	Ord. id.	III	711
	FÊTE MILITAIRE.		
	V. *Trocadéro.*		
	FÊTE DE JUILLET.		
24 juillet... 1831	Ordonnance concernant les mesures d'ordre relatives aux fêtes nationales célébrées dans Paris, les 27, 28, 29 juillet..........	II	629
25 juillet... 1832	Ord. id.	III	28
25 juillet... 1833	Ord. id.	III	50
26 juillet... 1840	Mesures d'ordre et de sûreté à observer le 28 juillet pour la translation des restes des victimes de juillet à la colonne de la place de la Bastille, et à l'occasion des fêtes du 29..........	III	545
26 juillet... 1841	Mesures d'ordre à observer à l'occasion du onzième anniversaire des journées de juillet 1830..........	III	491
27 juillet... 1844	Ordonnance id. à l'occasion du quatorzième anniversaire..........	III	755
	FÊTE DE SAINT-CLOUD.		
12 fructidor an IX (30 *août* 1801.)	Avis concernant la fête de Saint-Cloud..........	I	102
10 fructidor an X (28 *août* 1802.)	Ordonnance concernant les mesures de police à observer à l'occasion des fêtes de Saint-Cloud..........	I	155
30 ventôse an XIII (21 *mars* 1805.)	Mesures d'ordre à observer à Saint-Cloud à l'occasion de la fête de S. M. l'impératrice et de S. A. I. le prince Napoléon-Louis..........	I	275
21 juin... 1811	Ordonnance concernant la fête de cour et la fête publique de Saint-Cloud..........	I	524
6 septembre 1843	Ord. concernant les mesures d'ordre et de sûreté à observer à l'occasion de la fête de Saint-Cloud..........	III	644
4 septembre 1844	Ord. id.	III	766

DATES.	DÉSIGNATION DES MATIÈRES.	Volumes.	Pages.
2 octobre.. 1823	Ord. concernant la vente des fruits au port des Miramiones.	II	270
10 octobre.. 1835	Ord. id.	III	115
22 novembre 1842	Ord. concernant le service des ouvriers du port aux fruits.	III	571
	FRUITS ET LÉGUMES.		
14 thermidor an 12 (2 *août* 1804.)	Ordonnance concernant le commerce des fruits, légumes, herbages, fleurs en botte et plantes usuelles.	I	37
25 novembre 1817	Ord. id.	II	94
	FUMIER.		
30 août.... 1813	Ordonnance concernant les habitants de la campagne qui ramassent du fumier dans les rues de Paris.	I	651
23 novembre 1831	Ord. qui interdit l'enlèvement des boues et immondices aux habitants de la campagne ou autres personnes.	II	644
	FUNÉRAILLES.		
8 décembre 1838	Ordonnance concernant les mesures d'ordre et de police à l'occasion des honneurs funèbres rendus au maréchal comte Lobau.	III	294
	V. *Cérémonies funèbres.*		
	FUSÉES.		
	V. *Artifices.*		
	FUSILS A VENT.		
	V. *Armes prohibées.*		
	G.		
	GALERIES.		
16 août.... 1819	Ordonnance concernant les passages et galeries du Palais-Royal	II	148
15 octobre.. 1823	Ord. concernant les galeries des rues Castiglione et Rivoli.	II	275
	GALERIES SOUTERRAINES.		
	V. *Égouts.*		
	GARAGE.		
	V. *Navigation.*		

DATES.	DÉSIGNATION DES MATIÈRES.	Volumes.	Pages.
	GARANTIE DES MATIÈRES D'OR ET D'ARGENT.		
	V. *Orfèvres, Or et Argent.*		
	GARÇONS (Ouvriers).		
12 germinal an XII (2 *avril* 1804.)	Ordonnance concernant le placement des garçons perruquiers........	I	227
6 floréal an XII (26 *avril* 1804.)	Ord. concernant le placement des garçons marchands de vin........	I	230
7 floréal an XII (27 *avril* 1804.)	Ord. concernant la police des garçons marchands de vin........	I	231
25 prairial an XII (14 *juin* 1804.)	Ord. concernant le placement des garçons distillateurs, limonadiers, vinaigriers, détaillants d'eau-de-vie et de liqueurs, pâtissiers, traiteurs, restaurateurs et rôtisseurs........	I	237
29 messidor an XII (18 *juillet* 1804.)	Ord. concernant le placement des ouvriers orfèvres, joailliers, etc., etc........	I	246
29 messidor an XII (18 *juillet* 1804.)	Placement des garçons cordonniers, bottiers, etc......	I	246
29 messidor an XII (18 *juillet* 1804.)	Placement des ouvriers serruriers, taillandiers, etc.....	I	247
29 messidor an XII (18 *juillet* 1804.)	Placement des garçons tailleurs, fripiers, etc........	I	248
29 messidor an XII (18 *juillet* 1804.)	Placement des garçons tapissiers, miroitiers, batteurs d'étain........	I	248
29 messidor an XII (18 *juillet* 1804.)	Placement des ouvriers bourreliers, selliers, etc......	I	249
29 messidor an XII (18 *juillet* 1804.)	Placement des ouvriers imprimeurs en lettres ou taille-douce, etc........	I	250
29 messidor an XII (18 *juillet* 1804.)	Placement des garçons chapeliers, fouleurs, fourreurs, etc........	I	251
29 messidor an XII (18 *juillet* 1804.)	Placement des ouvriers peintres, doreurs sur bois, sculpteurs, etc........	I	251
22 thermidor an XII (10 *août* 1804.)	Placement des ouvriers fabricants de gaz, tissutiers, rubaniers, etc........	I	252
3 fructidor an XII (21 *août* 1804.)	Placement des étaliers, garçons bouchers, etc........	I	259
10 vendém. an XIII (2 octobre 1804.)	Placement des garçons épiciers, confiseurs, etc........	I	259
4 septembre 1806	Ordonnance concernant les garçons perruquiers ou coiffeurs........	I	339
20 novembre 1807	Ord. concernant la police des garçons épiciers........	I	360
	V. *Boucherie et Boulangerie.*		
	GARDE IMPÉRIALE.		
23 novembre 1807	Ordonnance concernant le retour de la garde impériale (après le traité de Tilsitt)........	I	363

DATES.	DÉSIGNATION DES MATIÈRES.	Volumes.	Pages.
23 juin.... 1810	Ord. concernant la fête donnée à LL. MM. I. et R. par la garde impériale..................................	I	472
	GARDES CHAMPÊTRES.		
	V. *Police rurale.*		
	GARE (Port de la).		
25 octobre.. 1840	Ordonnance concernant la police de la navigation, (art. 90 *et suiv.*)......................................	III	390
	GARE DE CHARENTON.		
	V. *Charenton.*		
	GAZ.		
20 décembre 1824	Ordonnance concernant l'établissement d'éclairage par le gaz hydrogène....................................	II	310
31 mai..... 1842	Ord. concernant les conduites et appareils d'éclairage dans l'intérieur des habitations....................	III	538
31 mai..... 1842	Avis relatif à l'éclairage par le gaz..................	III	540
	GIBIER.		
	V. *Chasse, Volaille.*		
	GLACE.		
22 pluviôse an XI (11 *février* 1803.)	Ordonnance portant défense de glisser et de patiner sur la rivière......................................	I	177
	GLACES, GROSSES EAUX, etc.		
4 brumaire an IX (25 *oct.* 1800.)	Ordonnance concernant la police de la rivière et des ports aux approches de l'hiver et dans les temps de glaces, grosses eaux et débâcles....................	I	56
1er décembre 1838	Ord. concernant la police des rivières et des ports pendant l'hiver et les temps de glaces, grosses eaux et débâcles......................................	III	235
5 décembre 1839	Ord. id.	III	331
25 octobr.. 1840	Ord. concernant la police de la navigation (art. 203 *et suiv.*)......................................	III	408
	V. *Glaces et Neiges.*		
	GLACES ET NEIGES.		
2 janvier.. 1811	Ordonnance concernant les glaces et neiges............	I	491
8 janvier.. 1815	Ord. id.	II	4
24 décembre 1817	Ord. id.	II	99
6 janvier.. 1827	Avis concernant l'enlèvement des glaces et neiges.....	II	374
16 décembre 1829	Avis id.	II	552

DATES.	DÉSIGNATION DES MATIÈRES.	Volumes.	Pages.
7 janvier... 1835	Ordonnance concernant les neiges et glaces...........	III	106
26 décembre 1836	Ord. id.	III	175
14 décembre 1838	Ord. id.	III	295
7 décembre 1842	Ord. id.	III	575
4 décembre 1844	Ord. id.	III	810
	V. *Glaces, Grosses eaux*, etc.		
	GLANAGE.		
	V. *Police rurale.*		
	GOUTTIÈRES.		
30 novembre 1831	Ordonnance concernant les chêneaux et gouttières destinés à recevoir les eaux pluviales sous l'égout des toits..	II	645
1er avril.. 1832	Arrêté portant prorogation de l'ordonnance du 30 novembre 1831..	III	9
1er août.. 1832	Arrêté id.	III	33
	V. *Chêneaux, Saillies.*		
	GRAINES.		
	V. *Marché aux fleurs.*		
	GRAINS, GRAINES ET GRENAILLES.		
17 juillet... 1813	Ordonnance concernant le commerce des grains et grenailles	I	624
14 octobre.. 1813	Ord. id. dans les communes rurales ..	I	633
12 décembre 1821	Ord. concernant le commerce des grains et grenailles..	II	504
25 novembre 1829	Ord. concernant le commerce des grains, graines et grenailles..	II	525
	V. *Halle aux grains et farines.*		
	GRAPILLAGE.		
	V. *Police rurale.*		
	GRAVURES.		
	V. *Écrits.*		
	GRENIER D'ABONDANCE.		
	V. *Boulangerie.*		
	GROSSES EAUX.		
	V. *Rivières et Ports, Glaces, Grosses eaux et Débâcles.*		

DATES.	DÉSIGNATION DES MATIÈRES.	Volumes.	Pages.
	GUICHETS DU CARROUSEL.		
	V. *Voitures.*		
	GUINGUETTES.		
	V. *Lieux publics.*		
	H.		
	HALLAGE.		
8 février.. 1808	Ordonnance concernant les établissements d'envergeurs pareurs de corde pour le hallage de Paris..........	I	370
25 octobre.. 1840	Ord. concernant la police de la navigation, art. 41....	III	381
	HALLE AUX BEURRES.		
18 juin.... 1823	Ordonnance concernant le tarif du droit d'abri sous la halle aux beurres, œufs et fromages...............	II	262
	V. *Beurres et Œufs.*		
	HALLE AUX CUIRS.		
27 frimaire an XIV (18 *déc.* 1805.)	Ordonnance concernant le commerce des cuirs et peaux à la halle..	I	295
27 frimaire an XIV (18 *déc.* 1805.)	Règlement concernant le service intérieur de la halle aux cuirs..	I	296
27 frimaire an XIV (18 *déc.* 1805.)	Ordonnance concernant le tarif des salaires des forts employés à la halle aux cuirs.......................	I	299
	HALLE AUX GRAINS ET FARINES.		
28 mai.... 1806	Ordonnance concernant le droit de commission des facteurs à la halle aux grains et aux farines.........	I	316
20 septembre 1808	Ord. concernant le droit d'abri à la halle aux grains...	I	398
12 mai.... 1812	Ord. concernant les grains et farines...............	I	572
12 mai.... 1812	Ord. relative à la fixation du prix des blés..........	I	573
19 mai 1812	Ord. concernant la fixation du prix des seigles et de l'orge..	I	573
17 novembre 1815	Arrêté concernant le droit d'abri à la halle aux farines..	II	26
7 novembre 1823	Ordonnance concernant la fixation des heures de vente des farines en gros et en détail, à la halle aux grains et farines..	II	273
25 novembre 1829	Ord. concernant le commerce des grains et grenailles..	II	325
13 avril.... 1842	Arrêté concernant l'établissement en quintal métrique des mercuriales de la halle aux grains et farines....	III	526

DATES.	DÉSIGNATION DES MATIÈRES.	Volumes.	Pages.
	HALLE AUX TOILES ET AUX DRAPS.		
13 brumaire an XI (4 *novemb.* 1802.)	Ordonnance concernant le commerce des toiles et des draps à la halle....................................	I	162
25 brumaire an XI (16 *novemb.* 1802.)	Ord. concernant les fonctions des préposés à la halle aux toiles et aux draps..........................	I	164
14 brumaire an XIV (5 *novemb.* 1805.)	Ord. contenant des mesures relatives à l'ouverture et à la fermeture de la halle aux draps et aux toiles...	I	290
29 avril.... 1808	Ord. concernant l'ouverture de la halle aux toiles.....	I	380
25 juin.... 1808	Ord. concernant le droit à percevoir pour les places à la halle aux toiles....................................	I	386
	HALLE AUX VEAUX.		
30 octobre, 1810	Ordonnance concernant la fixation du prix des places à la halle aux veaux....................................	I	485
1er octobre 1835	Ord. concernant l'ouverture et la police d'un marché provisoire destiné à la vente des vieux linges, de la friperie, de la ferraille, etc., sous les abris de la halle aux veaux....................................	III	111
	HALLES DU CENTRE.		
	V. *Voitures aux halles*, etc.		
	HALLES ET MARCHÉS.		
11 juin.... 1829	Règlement sur la concession des places dans les halles et marchés publics....................................	II	476
13 mai..... 1831	Ordonnance concernant les ouvriers des halles et marchés....................................	II	615
24 mai..... 1831	Ord. concernant les regrattières dans les halles et marchés....................................	II	619
11 octobre.. 1831	Ord. concernant les mesures de salubrité à observer dans les halles et marchés....................................	II	638
1er avril.. 1832	Ord. id.	III	7
	HENRI IV.		
	V. *Statue d'Henri IV.*		
	HERBAGES.		
	V. *Fruits et Légumes.*		
	HÉRÉDITÉ DE L'EMPIRE.		
	V. *Vote.*		
	HOTELS GARNIS.		
25 pluviôse an XI (14 *février* 1803.)	Ordonnance concernant les aubergistes, les maîtres d'hôtel garni et les logeurs....................................	I	178

DATES.	DÉSIGNATION DES MATIÈRES.	Volumes.	Pages.
	INNOCENTS.		
	V. *Marché des Innocents.*		
	INSPECTEURS DE LA NAVIGATION.		
4 brumaire an IX (*26 octob.* 1800.)	Instruction pour l'inspecteur général de la navigation et des ports, les inspecteurs particuliers, les préposés aux arrivages par eau et les dégustateurs..........	I	46
21 août.... 1816	Arrêté contenant instruction pour l'inspecteur général adjoint de la navigation et des ports..............	II	32
	INSTRUMENTS BRUYANTS.		
31 octobre. 1829	Ordonnance concernant les instruments bruyants et les ouvriers à marteau..........................	II	525
	ISIGNY.		
	V. *Beurres.*		
	ITINÉRAIRE DES BESTIAUX.		
26 février.. 1844	Ordonnance concernant l'itinéraire des bestiaux conduits aux abattoirs............................	III	691
	J		
	JACOBINS.		
	V. *Marché des Jacobins.*		
	JAMBONS.		
	V. *Foire aux jambons.*		
	JARDINIERS.		
	V. *Marchands de gros légumes.*		
	JAUGE.		
	V. *Bière.*		
	JAUGEAGE PUBLIC.		
	V. *Pesage.*		
	JEUX DE HASARD.		
5 mai.... 1829	Ordonnance concernant les jeux de hasard et les loteries prohibées sur la voie publique................	II	468
28 octobre. 1830	Ordonnance concernant la répression des jeux de loteries et de hasard sur la voie publique..............	II	523

DATES.	DÉSIGNATION DES MATIÈRES.	Volumes.	Pages.
	LOCOMOTIVES.		
	V. *Chemins de fer, Machines à vapeur.*		
	LOGEURS.		
	V. *Hôtels garnis, Médecins.*		
	LONGCHAMP.		
7 germinal an IX (28 mars 1801.)	Ordonnance concernant l'ordre à suivre, lors du défilé des voitures qui vont à Longchamp	I	80
10 avril.... 1843	Ord. concernant les mesures d'ordre à observer aux promenades de Longchamp	III	589
1er avril.. 1844	Ord. id.	III	707
	LOTERIES.		
	V. *Jeux de hasard.*		
	LOUEURS.		
	V. *Voitures de place et voitures sous remise.*		
	LOUIS XVI.		
	V. *Cérémonies funèbres.*		
	LOUIS XVIII.		
1er mai... 1814	Ordonnance concernant les mesures d'ordre à observer à l'occasion de l'entrée de S. M. Louis XVIII dans la capitale	I	644
27 août.... 1814	Ord. concernant des mesures de police relatives aux fêtes et cérémonies du 29 août, jour de la réception de S. M. à l'Hôtel de ville	I	660
	V. *Entrée, Fête du chef de l'État.*		
	M.		
	MACHINES A VAPEUR.		
8 novembre 1843	Ordonnance relative aux machines et chaudières à vapeur autres que celles qui sont placées sur des bateaux	III	670
	V. *Bateaux à vapeur.*		
	MAÇONNERIE.		
15 janvier.. 1810	Ordonnance concernant les entrepreneurs de maçonnerie	I	475

DATES.	DÉSIGNATION DES MATIÈRES.	Volumes.	Pages.
	MADELONETTES.		
	V. *Maisons d'arrêt.*		
	MAISON BLANCHE.		
	V. *Marché aux vaches laitières.*		
	MAISONS D'ARRÊT.		
19 prairial an XII (*8 juin 1804.*)	Règlement relatif au service intérieur des maisons d'arrêt de la Force, des Madelonettes, des maisons de justice et de Sainte-Pélagie	I	234
	MAISONS DE PRÊT.		
18 thermid. an XIII (*6 août 1805.*)	Ordonnance concernant la clôture et la liquidation des maisons de prêt actuellement existantes dans la ville de Paris	I	285
	MAISONS DE SANTÉ.		
9 août.... 1828	Ordonnance relative aux maisons de santé	II	425
	MAISONS DE SEVRAGE.		
9 août.... 1828	Ordonnance concernant les maisons de sevrage	II	429
	MAISONS GARNIES.		
	V. *Hôtels garnis.*		
	MALADIES CONTAGIEUSES.		
	V. *Epizooties.*		
	MANUFACTURES.		
	V. *Etablissements insalubres, Travail des enfants.*		
	MARCHANDISES PROHIBÉES.		
13 brumaire an X (*4 nov. 1801.*)	Ordonnance concernant les marchandises prohibées	I	115
	MARCHANDS DE GROS LÉGUMES.		
21 septembre 1829	Ordonnance concernant les cultivateurs et marchands de gros légumes au marché établi rue de la Ferronnerie	II	513
4 mars.... 1831	Ord. concernant le stationnement des cultivateurs et marchands de gros légumes	II	398
28 mars.... 1831	Ord. concernant le stationnement des cultivateurs, des marchands de gros légumes et des maraîchers sur la place du Châtelet et le quai de Gèvres	II	605
28 juin.... 1833	Ord. concernant les cultivateurs, jardiniers et marchands de gros légumes qui approvisionnent les marchés de Paris	III	47

DATES.	DÉSIGNATION DES MATIÈRES.	Volumes.	Pages.
	MARCHANDS FORAINS.		
	V. *Voitures des marchands forains.*		
	MARCHÉS.		
26 fructid. an VIII (13 *sept.* 1800.)	Ordonnance qui prescrit la réimpression et la publication de l'arrêté du bureau central, du 19 frimaire an 7, concernant les marchés	I	54
3 fructidor an IX (21 *août* 1801.)	Ord. concernant la nouvelle fixation des jours de marché	I	100
9 mars.... 1812	Arrêté concernant la comptabilité et la perception des droits de location et d'abri dans les marchés	I	562
9 mars.... 1812	Arrêté concernant les marchands détaillants qui occupent des places dans les halles et marchés	I	564
15 juin.... 1813	Ord. concernant les porteurs dans les halles et marchés	I	621
1er avril.. 1832	Ord. concernant les mesures de salubrité à observer dans les halles et marchés	III	7
	MARCHÉ A FOURRAGE.		
13 septembre 1834	Ordonnance concernant l'ouverture et la police des marchés à fourrage	III	94
	MARCHÉ A LA MARÉE.		
9 frimaire an X (30 *nov.* 1801.)	Ordonnance concernant le commerce de la marée	I	118
9 frimaire an X (30 *nov.* 1801.)	Ord. concernant les fonctions des préposés à la vente de la marée	I	122
21 février.. 1811	Ord. concernant l'augmentation du droit sur la vente de la marée	I	501
7 février.. 1822	Ord. concernant l'ouverture et la police au marché destiné à la vente de la marée, du poisson d'eau douce et du poisson salé	II	209
7 février.. 1822	Ord. concernant la fixation du prix des places	II	211
2 janvier.. 1840	Ord. concernant la nouvelle fixation du prix de location des places	III	533
	MARCHÉ A LA VERDURE.		
17 mars... 1819	Ordonnance concernant l'ouverture et la police du marché à la verdure	II	136
17 mars... 1819	Ord. concernant la fixation du prix des places	II	137
	MARCHÉ AUX CHEVAUX.		
30 mai.... 1806	Ordonnance concernant la police du marché aux chevaux	I	317
19 août.... 1816	Ord. qui détermine le nombre de trotteurs sur le marché aux chevaux	II	51

DATES.	DÉSIGNATION DES MATIÈRES.	Volumes.	Pages.
3 décembre 1816	Ord. concernant la police du marché aux chevaux.....	II	63
21 février.. 1820	Ord. concernant l'ouverture et la police du marché aux chevaux..	II	165
3 septembre 1823	Ord. id.	II	267
12 septembre 1823	Ord. concernant la fixation des frais auxquels donnent lieu les ventes de chevaux à l'encan..............	II	282
27 octobre. 1828	Arrêté qui ajoute quelques dispositions au règlement sur la police du marché aux chevaux.............	II	449
19 décembre 1829	Ord. concernant la police d'un marché affecté exclusivement à la vente des chevaux fins ou de luxe.......	II	532
	MARCHÉ AUX FLEURS.		
16 messidor an VIII (5 *juillet* 1800.)	Arrêté concernant le marché aux plantes, fleurs sur tige, arbustes et graines.................................	I	24
7 juillet... 1809	Ordonnance concernant la fixation du prix de la location des places sur le marché aux fleurs et arbustes..	I	420
5 août.... 1809	Ord. concernant le marché aux fleurs et arbustes......	I	421
10 juin.... 1824	Ord. id.	II	305
24 avril.... 1834	Ord. concernant l'ouverture et la police du marché aux fleurs de la place Royale........................	III	77
24 avril.... 1834	Ord. concernant l'ouverture et la police du marché aux fleurs de la place de la Madeleine.................	III	79
7 avril.... 1836	Ordonnance concernant l'ouverture et la police du marché aux fleurs du boulevard Saint-Martin...........	III	149
27 juillet... 1836	Ord. autorisant la tenue du marché aux fleurs du boulevard Saint-Martin............................	III	152
11 août.... 1836	Ord. concernant la nouvelle fixation du prix des places affectées aux jardiniers-fleuristes sur le marché aux fleurs situé quai Desaix, et l'établissement d'un droit de location des places réservées aux maraîchers et pépiniéristes sur le quai de la Cité...............	III	154
	MARCHÉ AUX FROMAGES.		
29 février.. 1838	Ordonnance concernant la tenue provisoire du marché aux fromages au marché des Prouvaires...........	III	146
	MARCHÉ AUX FRUITS ET LÉGUMES.		
31 octobre.. 1825	Ordonnance relative à la police des marchés aux fruits et légumes..	II	337
	MARCHÉ AUX PORCS.		
23 prairial an X (12 *juin* 1802.)	Ordonnance concernant la translation du marché aux porcs à la Maison-Blanche (territoire de Gentilly)...	I	145
30 avril.... 1806	Ord. concernant le commerce des porcs et de la charcuterie..	I	312

DATES.	DÉSIGNATION DES MATIÈRES.	Volumes.	Pages.
3 juillet... 1806	Ord. concernant le commerce des porcs	I	321
24 novembre 1819	Ord. concernant la police du marché aux porcs à la Maison-Blanche	II	137
1er avril.. 1821	Ord. concernant le marché aux porcs de la Chapelle-Saint-Denis	II	186
12 juin.... 1843	Ord. concernant la police du marché aux porcs de Nanterre	III	639
	MARCHÉ AUX SUIFS.		
17 juillet... 1811	Ordonnance concernant le commerce du suif	I	530
5 décembre 1831	Ord. concernant la tenue du marché aux suifs	II	646
	MARCHÉ AUX TOILES, AUX DRAPS ET A LA BONNETERIE.		
18 octobre. 1836	Ordonnance concernant la tenue successive dans le même local des trois marchés aux draps, aux toiles et à la bonneterie	III	158
	V. *Halle aux toiles et aux draps.*		
	MARCHÉ AUX VACHES.		
2 thermidor an IX (21 *juillet* 1801.)	Ordonnance concernant la tenue des marchés aux vaches laitières à la Chapelle-Saint-Denis et à la plaine des Sablons	I	94
12 thermidor an X (31 *juillet* 1802.)	Ord. concernant la tenue des marchés aux vaches laitière, à la Chapelle Saint-Denis et à la Maison-Blanche	I	151
3 brumaire an XII (26 *octob.* 1803.)	Ord. portant établissement d'un marché à Paris, pour la vente des vaches propres à la boucherie	I	206
29 janvier.. 1806	Ord. concernant le marché établi à Paris pour la vente des vaches propres à la boucherie	I	304
22 décembre 1807	Ord. id.	I	368
1er avril.. 1821	Ord. concernant le marché de la Chapelle-Saint-Denis	II	186
29 octobre.. 1836	Ord. concernant l'établissement d'un droit de place perçu par tête de vache et de taureau au marché des Bernardins	III	165
15 juillet... 1844	Ord. autorisant la tenue du marché aux vaches et taureaux le mardi, indépendamment du vendredi	III	734
	MARCHÉ D'AVAL.		
6 novembre 1810	Ordonnance concernant le prix des places au marché d'aval	I	485
	MARCHÉ DE LA CHAPELLE-SAINT-DENIS.		
1er avril.. 1821	Ordonnance concernant le marché de la Chapelle-Saint-Denis	II	186

DATES.	DÉSIGNATION DES MATIÈRES.	Volumes.	Pages.
	MARCHÉ DE LA RUE CISALPINE.		
5 février.. 1835	Ordonnance concernant la suppression du marché à charbon de la rue Cisalpine..........................	III	108
	MARCHÉ DE LA RUE DE SÈVRES.		
6 septembre 1843	Ordonnance concernant la police du marché de la rue de Sèvres..	IV	704
	MARCHÉ DE LA RUE SAINT-MAUR.		
15 mai.... 1837	Ordonnance concernant l'ouverture et la police du marché de la rue Saint-Maur (faubourg du Temple)...	III	185
	MARCHÉ DE LA VALLÉE.		
4 décembre 1837	Ordonnance concernant l'ouverture et la police des resserres et de l'abattoir à volaille construits à l'usage des détaillants du marché de la Vallée.............	III	232
	MARCHÉ DE NANTERRE.		
12 juin.... 1843	Ordonnance concernant la police du marché de Nanterre..	III	639
	MARCHÉ DES BLANCS-MANTEAUX.		
19 août.... 1819	Ordonnance concernant l'ouverture et la police du marché des Blancs-Manteaux..........................	II	151
19 août.... 1819	Ord. concernant la fixation du prix des places sur le marché des Blancs-Manteaux.......................	II	152
4 juin.... 1823	Ord. concernant l'ouverture des étaux de boucherie et de charcuterie..................................	II	257
20 février.. 1839	Ord. concernant la translation provisoire du marché des Blancs-Manteaux sur la place de l'ancien marché Saint-Jean..	III	299
27 juin.... 1840	Ord. concernant la réouverture et l'augmentation du prix de location des places du marché des Blancs-Manteaux..	III	345
	MARCHÉ DES CARMES.		
4 février.. 1819	Ordonnance concernant la police et l'ouverture du marché des Carmes...............................	II	129
4 février.. 1819	Ord. concernant la fixation du prix des places.......	II	130
4 juin.... 1823	Ord. concernant l'ouverture des étaux de boucherie et de charcuterie..................................	II	257
20 septembre 1839	Ord. concernant la fixation du prix des resserres....	III	321
	MARCHÉ DES INNOCENTS.		
17 juillet.. 1811	Ordonnance concernant la fixation du prix des places.	I	550

DATES.	DÉSIGNATION DES MATIÈRES.	Volumes.	Pages.
23 août.... 1834	Ord. concernant l'établissement d'un marché de détail sur le carreau du marché des Innocents...........	III	90
	MARCHÉ DES JACOBINS.		
14 novembre 1810	Ordonnance concernant la distribution des places.....	I	487
	MARCHÉ DES PATRIARCHES.		
4 juin.... 1823	Ordonnance pour l'ouverture des étaux de boucherie et de charcuterie..................................	II	287
31 juillet... 1832	Ord. concernant l'ouverture et la police du marché des Patriarches................................	III	52
	MARCHÉ DES PROUVAIRES.		
2 avril.... 1818	Ordonnance concernant l'ouverture du marché des Prouvaires	II	109
2 avril.... 1818	Ord. concernant la fixation du prix de location des places......................................	II	110
13 mai..... 1828	Ord. concernant le commerce de la triperie........	II	415
25 janvier.. 1836	Ord. concernant la nouvelle fixation du prix de location des places..............................	III	144
29 février.. 1836	Ord. concernant la translation provisoire du marché aux fromages au marché des Prouvaires..........	III	....
	MARCHÉ DU LÉGAT.		
18 septembre 1810	Fixation du prix de la location des places sur le marché dit du Légat, affecté à la vente des pommes de terre et de la verdure................................	I	479
17 mars.... 1819	Ord. concernant l'ouverture et la police du marché à la verdure..................................	II	156
17 mars.... 1819	Ord. concernant la fixation du prix des places........	II	157
	MARCHÉ DU PANTHÉON.		
9 août..... 1833	Ordonnance concernant la suppression du marché de tolérance, dit du Panthéon, de Fourcy ou de l'Estrapade.	III	53
	MARCHÉ DU ROULE.		
5 février.. 1835	Ordonnance concernant la suppression du marché à charbon de bois de la rue Cisalpine et l'ouverture de celui du Roule...................................	III	108
	MARCHÉ DU TEMPLE.		
8 février.. 1811	Ordonnance concernant la vente des vieux linges et hardes sur le marché établi dans l'enclos du Temple.	I	493
8 février.. 1811	Ord. concernant la fixation et la perception du prix des places..	I	497

DATES.	DÉSIGNATION DES MATIÈRES.	Volumes.	Pages.
	MASQUES.		
	V. *Carnaval.*		
	MATELAS.		
	V. *Boîtes-Entrepôts.*		
	MATÉRIAUX.		
	V. *Dépôt de matériaux.*		
	MATIÈRES ANIMALES.		
	V. *Dépôt d'engrais.*		
	MATIÈRES D'OR ET D'ARGENT.		
	V. *Or et Argent, Orfèvres.*		
	MATIÈRES INSALUBRES.		
1er avril.. 1843	Ordonnance concernant le balayage et le transport des matières insalubres (art. 22 *et suiv.*)................	III	586
1er octobre 1844	Ord. id. (art. 21 *et suiv.*).....................	III	774
	MÉDAILLES.		
22 floréal an XII (12 *mai* 1804.)	Ordonnance concernant la fabrication des médailles...	I	252
	MÉDECINS.		
9 juin.... 1832	Ordonnance concernant les médecins, les chirurgiens, pharmaciens, officiers de santé, logeurs et directeurs de maisons de santé..........................	III	16
	MÉDICAMENT.		
	V. *Drogues et médicaments.*		
	MENDICITÉ.		
30 frimaire an IX (21 *décemb.* 1800.)	Ordonnance concernant la répression de la mendicité..	I	62
7 janvier.. 1809	Ord. concernant la mendicité......................	I	409
20 septembre 1828	Ord. concernant la répression de la mendicité.......	II	442
	MENEURS.		
	V. *Nourrices.*		
	MERCURIALES		
	V. *Halle aux grains.*		

DATES.	DÉSIGNATION DES MATIÈRES.	Volumes.	Pages.
	MESSAGERIES.		
	V. *Voitures publiques.*		
	MESSE DU SAINT-ESPRIT.		
5 octobre.. 1815	Ordonnance concernant les mesures d'ordre à observer à l'occasion de la messe du Saint-Esprit............	II	25
	V. *Chambres.*		
	MESURAGE PUBLIC.		
	V. *Pesage.*		
	MESURES.		
	V. *Poids et mesures.*		
	MEUBLES ET EFFETS MILITAIRES.		
18 avril.... 1814	Ordonnance concernant les receleurs des meubles et effets militaires soustraits dans les casernes........	I	643
	MILITAIRES ET MARINS.		
18 nivôse an IX (8 janvier 1801.)	Avis concernant les militaires et marins............	I	63
20 brum. an XIII (11 nov. 1804.)	Ordonnance concernant les militaires et marins en voyage..............................	I	260
9 juillet... 1814	Arrêté concernant l'arrestation des militaires par les agents de la police administrative................	III	753
	V. *Marins.*		
	MINISTRES.		
	V. *Procès des.*		
	MIRAMIONES (Port).		
	V. *Fruits et légumes.*		
	MODÈLES D'ACTES.		
25 août.... 1806	Annexes à l'ord. du 25 août, concernant les noyés, asphyxiés, blessés, etc...........................	I	331
	MOISSONNEURS.		
14 juillet... 1817	Instruction sur les moyens de conserver la santé des moissonneurs..................................	II	85
	MOLIÈRE.		
	V. *Inauguration.*		

DATES	DÉSIGNATION DES MATIÈRES.	Volumes.	Pages.
	MOMIFICATION.		
	V. *Autopsie.*		
	MONNAIE.		
13 septembre 1810	Ordonnance concernant les pièces d'or de 48 et de 24 livres et les pièces d'argent de 3 et de 6 livres......	I	479
14 septembre 1817	Ord. concernant les pièces de 30 et 15 sous.........	II	89
	MONSIEUR, FRÈRE DU ROI.		
11 avril.... 1814	Mesures d'ordre à observer à l'occasion de l'entrée de Monsieur, frère du roi...........................	I	641
	MONTEBELLO (duc de).		
	V. *Cérémonies funèbres.*		
	MONUMENTS.		
4 août.... 1838	Ordonnance relative à la conservation des monuments d'art et religieux de la capitale.....................	III	269
	MORGUE.		
29 thermidor an XII (17 *août* 1804.)	Ordonnance concernant la translation de la morgue sur la place du Marche-Neuf..........................	I	254
2 décembre 1822	Ord. concernant les secours à donner aux noyés asphyxiés, (art. 12 *et suiv.*).....................	II	247
1er janvier 1836	Arrêté réglementaire du service intérieur de la Morgue de Paris..	III	127
	MOULAGE.		
	V. *Autopsie.*		
	MOUTONS.		
	V. *Laminoirs.*		
	MULATRES.		
	V. *Noirs et Mulâtres.*		
	MUSICIENS AMBULANTS.		
2 septembre 1822	Ordonnance concernant les musiciens dans les rues et places publiques.................................	II	241
10 septembre 1828	Ord. concernant les joueurs d'orgue dans les rues et places publiques...............................	II	459
14 décembre 1833	Ord. concernant les saltimbanques, chanteurs avec ou sans instruments, les baladins, musiciens ambulants, etc..	II	618

DATES.	DÉSIGNATION DES MATIÈRES.	Volumes.	Pages.
	N.		
	NAISSANCE.		
20 mai...... 1811	Ordonnance relative à la naissance du roi de Rome....	I	505
1er octobre 1820	Ordonnance concernant les mesures d'ordre à observer à l'occasion du *Te Deum* qui sera chanté dans l'église métropolitaine, en actions de grâces de la naissance de S. A. R. Mgr. le duc de Bordeaux, et des fêtes et réjouissances publiques qui auront lieu aux Champs-Élysées..........	II	179
27 août.... 1838	Ordonnance concernant les mesures d'ordre et de sûreté à observer dans Paris, le 29 août jour consacré à célébrer la naissance de S. A. R. le comte de Paris..	III	271
	NANTERRE.		
	V. *Marché de Nanterre.*		
	NANTISSEMENT.		
	V. *Prêteurs sur nantissement.*		
	NAPOLÉON.		
12 décembre 1840	Ordonnance concernant les mesures d'ordre et de sûreté à observer les 15 décembre 1840, jour consacré à la translation des restes mortels de l'empereur Napoléon à l'église des Invalides..........	III	442
	NATATION.		
	V. *Bains de rivière.*		
	NAVIGATION.		
27 ventôse an VIII (18 *mars* 1800.)	Consigne générale pour la garde des ports dans Paris.	I	2
29 fructidor an XI (16 *sept.* 1803.)	Ordonnance pour faire écouler les eaux stagnantes dans le petit bras de la Seine, depuis la pointe orientale de l'île de la Cité jusqu'au Pont-Neuf, et pour empêcher de fouiller dans le lit de la rivière...	I	212
28 vendém. an XIII (20 *octob.* 1804.)	Avis aux ouvriers des ports..........	I	250
27 mai.... 1806	Ord. concernant le mode provisoire du service de la navigation au pont d'Austerlitz..........	I	314

DATES.	DÉSIGNATION DES MATIÈRES.	Volumes.	Pages.
	NETTOIEMENT.		
	V. *Balayage.*		
	NOIRS ET MULATRES.		
3 brumaire an XI (25 *octob.* 1802.)	Ordonnance concernant les noirs et les mulâtres......	I	160
	NOURRICES.		
9 août.... 1828	Ordonnance concernant les nourrices................	II	430
20 juin.... 1842	Ord. concernant les nourrices, les directeurs de bureaux de nourrices, les logeurs, meneurs et meneuses de nourrices..........................	III	545
	NOYÉS.		
9 floréal an VIII (29 *avril* 1800.)	Arrêté concernant les secours à administrer aux noyés pour les rappeler à la vie, et les moyens de se servir des boîtes....................................	I	13
25 août.... 1806	Ord. concernant les secours à donner aux noyés, asphyxiés ou blessés, et la levée des cadavres repêchés dans la rivière ou trouvés sur la voie publique ou partout ailleurs.....................	I	325
25 août.... 1806	Instruction sur les secours à donner aux noyés et aux asphyxiés....................................	I	327
2 décembre 1822	Ord. concernant les secours à donner aux noyés et asphyxiés ou blessés, et les mesures de police à prendre pour la levée des cadavres retirés de l'eau, ou trouvés sur la voie publique ou partout ailleurs...	II	245
	V. *Asphyxiés, Morgue.*		
	NUMÉROTAGE DES MAISONS.		
	V. *Rues.*		
	NUMÉROTAGE DES VOITURES.		
	V. *Voitures de place.*		
	O.		
	OBSÈQUES.		
	V. *Cérémonies funèbres.*		
	OBSERVATOIRE.		
27 février.. 1815	Ordonnance concernant l'exhaussement du sol du plateau intérieur de l'observatoire..................	II	8

DATES.	DÉSIGNATION DES MATIÈRES.	Volumes.	Pages.
	OCTROI.		
	V. *Navigation.*		
	OEUFS.		
	V. *Beurres.*		
	OFFICIERS DE PAIX.		
20 février.. 1841	Arrêté concernant le costume des officiers de paix....	III	480
	OFFICIERS DE SANTÉ.		
17 ventôse an IX (8 *mars* 1801.)	Ordonnance concernant les officiers de santé.........	I	78
	V. *Médecins, Pharmacie.*		
	OMNIBUS.		
	V. *Voitures de transport en commun.*		
	OR ET ARGENT.		
1er septembre 1809	Ord. concernant les nouveaux poinçons pour la garantie des matières et ouvrages d'or et d'argent.......	I	425
	V. *Orfèvres.*		
	ORFÈVRES.		
18 fructidor an XII (5 *septemb.* 1804.)	Ordonnance concernant les orfèvres, la surveillance du titre et la perception des droits de garantie des matières et ouvrages d'or et d'argent...............	I	236
28 septemb. 1806	Ord. id.	I	342
6 avril.... 1811	Ord. concernant le commerce de la joaillerie........	I	507
	ORGE.		
	V. *Halle aux grains et farines.*		
	ORGUES.		
4 juillet... 1816	Ordonnance concernant les joueurs d'orgues dans les rues et places publiques.........................	II	45
10 septembre 1828	Ord. id.	II	439
	V. *Saltimbanques.*		
	ORLÉANS.		
24 juin.... 1837	Ordonnance concernant les mesures d'ordre à observer à l'occasion des fêtes du mariage de son A. R. Mgr. le duc d'Orléans..................................	III	198
28 juillet... 1842	Ord. concernant les mesures d'ordre à observer le 30 juillet, jour consacré à la translation du corps de S. A. R. Mgr. le duc d'Orléans, prince royal, du palais de Neuilly à l'église métropolitaine............	III	347

DATES.	DÉSIGNATION DES MATIÈRES.	Volumes.	Pages.
	OURCQ.		
	V. *Canaux, Egouts.*		
	OUVRIERS.		
20 pluviôse an XII (10 *février* 1804.)	Ordonnance concernant les ouvriers	I	217
21 décembre 1816	Arrêté qui ordonne aux ouvriers de porter constamment et ostensiblement la médaille dont ils sont pourvus	II	68
25 mars.... 1818	Ord. concernant les ouvriers	II	105
18 juin.... 1822	Ord. id.	II	252
1er avril... 1831	Ord. id.	II	606
30 décembre 1834	Ord. modifiant celle du 1er avril 1831, concernant les ouvriers	III	105
	V. *Garçons.*		
	OUVRIERS EN BATIMENTS.		
26 septembre 1806	Ordonnance concernant la durée de la journée de travail des ouvriers en bâtiments	I	341
	OUVRIERS FABRICANTS DE GAZ, TISSUTIERS-RUBANNIERS, etc.		
22 thermid. an XII (10 *août* 1804.)	Ordonnance concernant le placement des ouvriers fabricants de gaze, tissutiers-rubanniers, passementiers-boutonniers, plumassiers, fleuristes, brodeurs, amidonniers, parfumeurs, tabletiers, luthiers, eventaillistes et fabricants de cannes	I	252
	OUVRIERS FILEURS ET TISSEURS DE COTON, etc.		
20 août.... 1814	Ordonnance concernant le placement des ouvriers en filature et tissus de coton	I	658
	OUVRIERS IMPRIMEURS EN LETTRES, EN TAILLE-DOUCE, SUR TOILE, etc.		
29 messidor an XII (18 *juillet* 1804.)	Ordonnance concernant le placement des ouvriers imprimeurs en lettres, imprimeurs en taille-douce, imprimeurs sur toile, sur étoffes et autres genres, brocheurs et relieurs, doreurs et marbreurs sur tranche, graveurs en bois, fondeurs en caractères, planeurs en cuivre, papetiers, colleurs, cartiers, cartonniers, fabricants de papiers peints, fabricants d'encre, fabricants de crayons, fabricants de cire et de pains à cacheter	I	250
	OUVRIERS ORFÈVRES, JOAILLIERS, BIJOUTIERS, etc.		
29 messidor an XII (18 *juillet* 1804.)	Ordonnance concernant le placement des ouvriers orfèvres, joailliers, bijoutiers, lapidaires, batteurs d'or, tireurs d'or, horlogers, laveurs de cendres, fondeurs		

DATES.	DÉSIGNATION DES MATIÈRES.	Volumes.	Pages.
15 octobre.. 1828	Ord. concernant la vente journalière du pain sur les marchés..	II	447
31 octobre.. 1828	Ord. id.	II	450
10 novembre 1828	Ord. id.	II	451
15 février.. 1838	Arrêté concernant le pain des prisons................	III	240
2 novembre 1840	Ord. concernant la vente et la taxe du pain dans Paris..	III	419
31 décembre 1844	Ord. concernant le pain vendu au poids (taxe périodique)	III	816
»	Tableau de la taxe du pain à Paris, de 1801 à 1844... V. *Boulangerie.*	III	817
	PAIX.		
28 ventôse an IX (19 *mars* 1801.)	Ordonnance concernant la publication de la paix......	I	79
28 ventôse an IX (19 *mars* 1801.)	Ord. concernant les illuminations pour la publication de la paix..	I	80
9 brumaire an X (31 *octob.* 1801.)	Ord. concernant la fête de la paix................	I	115
24 juillet... 1807	Ord. concernant la publication de la paix...........	I	354
29 octobre. 1809	Ord. id.	I	427
	PANTHÉON. V. *Marché du Panthéon.*		
	PASSAGE D'EAU.		
11 brumaire an XI (2 *novemb.* 1802.)	Ordonnance pour faire visiter les passages d'eau et les coches dans tout le département de la Seine.........	I	161
23 thermidor an XII (11 *août* 1804.)	Ord. concernant la visite des bachots et batelets....	I	253
25 octobre.. 1840	Ord. concernant la police de la navigation, art. 169 *et suiv*..	III	402
	PASSAGE SOUS LES PILIERS DES HALLES.		
18 février.. 1811	Ordonnance concernant les passages sous les piliers des halles..	I	498
	PASSAGE SUR LES PROPRIÉTÉS PARTICULIÈRES.		
20 août.... 1811	Ordonnance concernant les passages ouverts au public sur des propriétés particulières..................	I	554
	PASSE-PORTS.		
13 thermidor an VIII (1er *août* 1800.)	Avis concernant les passe-ports........................	I	50

DATES.	DÉSIGNATION DES MATIÈRES.	Volumes.	Pages.
8 avril.... 1808	Ordonnance concernant les passe-ports..............	I	377
23 avril.... 1812	Ordonnance concernant les passe-ports gratuits.......	I	568
	PASTILLAGE.		
10 décembre 1830	Ordonnance concernant le pastillage, les liqueurs et sucreries coloriées..............................	II	589
12 septembre 1841	Ord. concernant les liqueurs, sucreries, dragées et pastillages coloriés..............................	III	496
»	Avis du conseil de salubrité sur les substances colorantes que peuvent employer les confiseurs ou distillateurs pour les bonbons, pastillage, dragées ou liqueurs..	III	497
	PATRIARCHES.		
	V. *Marché des Patriarches.*		
	PAVÉ.		
14 janvier.. 1812	Ordonnance concernant les entrepreneurs de pavé.....	I	552
	PEAU.		
	V. *Halle aux cuirs.*		
	PENSIONNATS.		
	V. *Décadi.*		
	PERMIS DE SÉJOUR.		
	V. *Hôtels garnis, Passe-ports.*		
	PESAGE.		
22 mars.... 1809	Ordonnance concernant le pesage, mesurage et jaugeage publics..	I	410
28 novembre 1823	Ord. concernant le pesage public sur les ports de Paris..	II	279
	PÉTARDS.		
	V. *Artifices.*		
	PHARMACIE.		
12 pluviôse an XI (1er *février* 1803.)	Ordonnance concernant la préparation et la vente des drogues et médicaments..........................	I	176
9 floréal.. an XI (29 *avril* 1803.)	Ord. concernant l'exercice de la pharmacie et la vente des plantes médicinales..........................	I	191
4 octobre.. 1806	Ord. concernant les élèves en pharmacie...........	I	344
9 juin.... 1832	Ord. concernant les médecins, chirurgiens, pharmaciens, etc..	III	16

DATES.	DÉSIGNATION DES MATIÈRES.	Volumes.	Pages.
	PIERRES.		
4 février... 1812	Ordonnance concernant le transport des pierres destinées aux constructions publiques et particulières dans Paris	I	536
16 mars.... 1812	Ord. id.	I	565
12 mai..... 1828	Ord. concernant le transport de pierres dans Paris..	II	410
30 mai..... 1833	Ord. id.	III	41
	PIERRES A PLATRE.		
23 messidor an x (12 juillet 1802.)	Ordonnance concernant le dépôt et l'embarquement des pierres au port de la Râpée	I	149
19 avril.... 1819	Ord. concernant le dépôt et l'embarquement des pierres à plâtre sur la berge de Bercy	II	142
	PIGEONS.		
3 juillet.... 1812	Ordonnance concernant les dégâts commis par les pigeons fuyards dans les communes rurales	I	580
3 décembre 1829	Ord. concernant les personnes qui élèvent, dans Paris, des porcs, pigeons, lapins, etc	II	529
	PILIERS DES HALLES.		
	V. *Passage.*		
	PINCES ET LEVIERS DE CARRIERS.		
	V. *Police rurale.*		
	PISTOLETS.		
	V. *Armes prohibées.*		
	PLACEMENT.		
	V. *Garçons, Ouvriers.*		
	PLANTES.		
	V. *Marché aux Fleurs.*		
	PLANTES MÉDICINALES.		
14 nivôse.. an XII (5 janvier 1804.)	Ordonnance concernant la vente en gros et en détail des plantes médicinales, indigènes, fraîches ou sèches.	I	215
8 novembre 1810	Ord. id.	I	486
25 novembre 1813	Ord. concernant la translation du marché aux plantes médicinales indigènes	I	656
	V. *Drogues et Médicaments, Pharmacie.*		
	PLANTES USUELLES.		
	V. *Fruits et Légumes.*		

DATES.	DÉSIGNATION DES MATIÈRES.	Volumes.	Pages.
	PONTS A BASCULE.		
20 décembre 1819	Avis relatif aux ponts à bascule....................	II	159
	PONTS DE PARIS.		
	V. *Chefs des ponts.*		
	PORCS.		
23 prairial, an X (*12 juin 1802.*)	Ordonnance concernant le commerce des porcs.......	I	143
30 avril.... 1806	Ord. concernant le commerce des porcs et de la charcuterie..	I	312
3 juillet... 1806	Ord. concernant le commerce des porcs............	I	321
25 septembre 1815	Ord. concernant le commerce des porcs et de la charcuterie..	II	19
3 décembre 1829	Ord. concernant les personnes qui élèvent dans Paris des porcs, pigeons, lapins, poules et volailles quelconques..	II	529
	V. *Abattoir*, *Charcuterie*.		
	PORT AUX FRUITS.		
22 novembre 1842	Ordonnance concernant le service des ouvriers du port aux fruits..	III	571
	V. *Fruits*.		
	PORT DE BERCY.		
	V. *Bercy*.		
	PORT D'ARMES.		
7 brumaire an IX (*29 octob. 1800.*)	Ordonnance concernant les permis de port d'armes...	I	51
	V. *Chasse*.		
	PORTEURS DANS LES HALLES ET MARCHÉS.		
	V. *Marchés*.		
	PORTEURS D'EAU.		
25 frimaire an XII (*17 déc. 1803.*)	Ordonnance concernant les porteurs d'eau...........	I	212
4 juin.... 1811	Arrêté concernant les porteurs d'eau................	I	514
28 juillet... 1819	Ord. concernant les porteurs d'eau..................	II	146
21 février.. 1822	Ord. concernant les porteurs d'eau à tonneau qui s'approvisionnent à la pompe de la rue du Mont-Blanc..	II	215
24 octobre.. 1829	Ord. concernant les porteurs d'eau..................	II	516
14 juin.... 1833	Ord. concernant la visite générale des tonneaux de porteurs d'eau..	III	45

DATES.	DÉSIGNATION DES MATIÈRES.	Volumes.	Pages.
30 mars.... 1837	Ord. concernant la police des fontaines, bornes-fontaines et des porteurs d'eau......................	III	176
25 octobre. 1840	Ord. concernant la police de la navigation, art. 196...	III	405
15 avril.... 1843	Ord. concernant la visite générale des tonneaux de porteurs d'eau......................................	III	595
20 avril.... 1844	Ord. id.	III	709
	PORTS.		
25 octobre.. 1840	Ordonnance concernant la police de la navigation, art. 55 *et suiv*...............................	III	384
25 octobre.. 1840	Ord. id. art. 97 *et suiv*......................	III	391
	V. *Bercy, Carrières Charenton, Choisy-le-Roy, Entrepôt, Gare, Navigation, Rivières et Ports.*		
	POTS A FLEURS.		
	V. *Caisses et Pots.*		
	POUDRE DE GUERRE.		
4 ventôse an XIII (23 *février* 1805.)	Ordonnance relative aux poudres de guerre...........	I	274
3 février.. 1821	Ord. concernant la vente, le débit de la poudre et des pièces d'artifices..............................	II	184
21 juillet... 1823	Ord. concernant la fabrication et le débit des poudres détonnantes et fulminantes.......................	II	296
21 mai..... 1838	Ord. concernant les préparations détonnantes et fulminantes.................................	III	254
8 juillet... 1839	Arrêté concernant les dépôts de poudres de mine pour le service des carrières..........................	III	543
	V. *Artifices.*		
	POULES.		
	V. *Porcs, Pigeons, etc.*		
	PRESSES.		
	V. *Laminoirs.*		
	PRÊT.		
	V. *Maisons de Prêt.*		
	PRÊTEURS SUR NANTISSEMENT.		
14 thermid. an XIII (2 *août* 1805.)	Ordonnance concernant les rouliers, les marchands et les prêteurs sur nantissement.......................	I	282
18 thermid. an XIII (6 *août* 1805.)	Ord. concernant la clôture et la liquidation des maisons de prêt....................................	I	283

DATES.	DÉSIGNATION DES MATIÈRES.	Volumes.	Pages.
	PRISONS.		
26 janvier.. 1810	Ordonnance portant règlement général pour les prisons du ressort de la préfecture de police..............	I	457
10 septembre 1811	Ord. id.	I	537
6 juillet... 1819	Arrêté concernant l'usage de l'eau-de-vie dans les prisons..	II	145
31 mars.... 1828	Arrêté concernant la prison de Sainte-Pélagie........	II	405
15 février.. 1838	Arrêté concernant le pain des prisons...............	III	240
	PROCÈS DES MINISTRES.		
15 décembre 1830	Ordonnance concernant les mesures d'ordre à observer pendant le procès des ex-ministres................	II	592
	PROCESSION.		
10 juin. ... 1815	Ordonnance concernant les processions de la Fête-Dieu..	I	650
9 juin.... 1830	Ord. concernant les processions de la Fête-Dieu dans Paris...	II	567
	PROSTITUTION.		
	V. *Dispensaire.*		
	PROUVAIRES.		
	V. *Marché des Prouvaires, Marché aux fromages.*		
	PUISOIRS.		
25 octobre.. 1840	Ordonnance concernant la police de la navigation, art. 196.......................................	III	495
	PUITS.		
13 août.... 1810	Ordonnance concernant des mesures de police relatives aux puits......................................	I	477
20 février.. 1812	Ord. concernant l'entretien, le curage et la réparation des puits......................................	I	558
20 février.. 1812	Instruction sur le même sujet.......................	I	560
8 mars.... 1815	Ord. concernant le percement, le curage, la réparation et l'entretien des puits.........................	II	9
20 juillet... 1838	Ord. concernant les puits, puisards, puits d'absorption et égouts à la charge des particuliers............	III	262
20 juillet... 1838	Instructions du conseil de salubrité relatives au curage et à la réparation des puits, puisards, etc.........	III	266

DATES.	DÉSIGNATION DES MATIÈRES.	Volumes.	Pages.
	de travail arrêté pour la commission des remèdes secrets..	I	489
21 juin.... 1828	Ord. concernant les remèdes secrets................	II	421
	REMONTAGE.		
25 octobre.. 1840	Ordonnance concernant la police de la navigation (art. 108 *et suiv.*)..............................	III	595
	V. *Lâchage.*		
	REMORQUAGE.		
17 août.... 1844	Ordonnance concernant le remorquage des bateaux chargés ou vides sur la rive droite de la Seine, le long du port de la Râpée..........................	III	762
	REPÊCHAGE.		
7 floréal.. an XI (27 avril 1803.)	Ordonnance concernant le repêchage des bois de chauffage sur les rivières dans le ressort de la préfecture de police..	I	190
1er avril... 1813	Ord. id.	I	612
28 avril.... 1838	Arrêté qui prescrit l'impression et la publication des art. 1, 7, 8, 9 de l'ord. du 1er avril 1813............	III	251
25 octobre.. 1840	Ord. concernant la police de la navigation (art 194 *et suiv.*)..	III	406
	RÉPUBLIQUE.		
	V. *Fête de la fondation de.*		
	RÉQUISITIONNAIRES.		
	V. *Conscrits.*		
	REVUES.		
6 juillet... 1817	Ordonnance concernant la revue de la garde nationale du 8 juillet, jour anniversaire de la rentrée du roi dans la capitale..................................	II	82
7 octobre.. 1830	Ord. concernant les mesures d'ordre à observer à l'occasion des revues de la garde nationale au Champ-de-Mars..	II	584
13 mai..... 1831	Ord. concernant les mesures d'ordre à observer à l'occasion de la revue générale de la garde nationale passée par le roi le 15 mai 1831...................	II	617
9 juin.... 1832	Ord. concernant les mesures d'ordre à observer le 10 du courant pendant la revue générale des gardes nationales et des troupes de ligne...................	III	15
9 juin.... 1838	Ord. relative à la revue du 10 juin 1838.............	III	262

DATES.	DÉSIGNATION DES MATIÈRES.	Volumes.	Pages.
	RIVIÈRES ET PORTS.		
4 frimaire an IX (25 nov. 1800.)	Ordonnance concernant la police de la rivière et des ports aux approches de l'hiver et dans les temps de glaces, grosses eaux et débâcles......................	I	56
24 mars.... 1824	Ord. concernant la surveillance de la rivière des ports, etc..	II	293
26 mars.... 1829	Ord. concernant la surveillance de la rivière et des ports..	II	465
25 octobre. 1840	Ord. concernant la police de la navigation (titre II, art. 185 *et suiv.*)................................	III	404
25 octobre.. 1840	Ord. Id. (titre III, travaux en rivière).......	III	409
	V. *Bois de chauffage, Glaces, Grosses eaux, Navigation.*		
	ROI DE ROME.		
	V. *Naissance.*		
	ROULAGE.		
	V. *Voitures publiques.*		
	ROULE.		
	V. *Marché du Roule.*		
	RUES.		
16 ventôse an IX (7 mars 1801.)	Ordonnance concernant le rétablissement du nom des rues et le numérotage des maisons................	I	77
1er avril.. 1843	Ord. concernant le balayage et la propreté de la voie publique, (art. 8 *et suiv.*)........................	III	584
1er octobre 1844	Ord. id. (titres II et III)..........................	III	772
	V. *Balayage, Saillies.*		
	S		
	SABLE.		
21 janvier.. 1813	Ordonnance concernant le tirage du sable en rivière...	I	604
15 juillet.. 1813	Ord. concernant les bateaux employés au tirage du sable en rivière.....................................	I	635
25 octobre.. 1840	Ord. concernant la police de la navigation (art. 192 *et suiv.*)..	III	406
	SABLONS.		
	V. *Marché aux Vaches laitières.*		
	SACRE (DE CHARLES X).		
5 juin..... 1825	Ordonnance concernant les mesures de police relatives		

DATES.	DÉSIGNATION DES MATIÈRES.	Volumes.	Pages.
	à l'entrée solennelle du roi dans la capitale, aux réjouissances publiques, et aux fêtes données par la ville de Paris à l'occasion du sacre de S. M. Charles X.	II	529
	SAILLIES.		
26 brumaire an XI (*17 nov. 1802.*)	Ord. concernant les gouttières saillantes............	I	166
29 prairial an XII (*18 juin 1804.*)	Ord. concernant les auvents, appentis, plafonds et autres constructions en saillie sur les boulevards intérieurs de Paris..............................	I	258
14 septembre 1833	Ord. concernant la réduction des devantures de boutiques et autres objets de petite voirie excédant la saillie légale..............................	III	57
18 février.. 1837	Arrêté relatif aux objets placés en saillie sur la voie publique..	III	175
11 octobre.. 1839	Arrêté id.	III	322
4 mai..... 1840	Ord. concernant les barrières et les saillies existant sur le boulevard intérieur (côté nord).................	III	342
	V. *Barrières.*		
	SAINT-CLOUD.		
21 septembre 1810	Ordonnance portant établissement, en tête du pont de Saint Cloud, d'un passage en bachots pour le public.	I	480
	V. *Fêtes de.*		
	SAINT-DENIS.		
	V. *Canaux.*		
	SAINTE-PÉLAGIE.		
19 prairial an XII (*8 juin 1804.*)	Règlement relatif au service intérieur des maisons d'arrêt..	I	254
11 mars.... 1828	Arrêté concernant la prison de Sainte-Pélagie.......	II	485
	SAINT-ESPRIT.		
	V. *Messe du Saint-Esprit, Chambres.*		
	SAINT-GERMAIN.		
	V. *Marché.*		
	SAINT-LOUIS.		
	V. *Fête du chef de l'Etat.*		
	SAINT-MARTIN.		
	V. *Canaux, Marché aux fleurs.*		

DATES.	DÉSIGNATION DES MATIÈRES.	Volumes.	Pages.
	SAINT-MARTIN-DES-CHAMPS.		
	V. *Marché.*		
	SAINT-PHILIPPE.		
	V. *Fête du chef de l'État.*		
	SALTIMBANQUES.		
3 avril.... 1828	Ordonnance concernant les saltimbanques, baladins, etc.	II	405
14 décembre 1831	Ord. concernant les saltimbanques, chanteurs, bateleurs, escamoteurs, baladins, joueurs d'orgue, etc...	II	648
	SALUBRITÉ.		
	V. *Arrosement, Balayage, Blanc de plomb, Halles et Marchés, Pastillage, Sel, Ustensiles de cuivre, Vidange, etc.*		
	SAPEURS-POMPIERS.		
7 mars.... 1808	Arrêté concernant le service des sapeurs-pompiers....	I	372
24 mars.... 1813	Ordonnance concernant l'instruction et le service des sapeurs-pompiers de la ville de Paris............	I	608
24 novembre 1843	État des postes de sapeurs-pompiers établis dans Paris.	III	679
	V. *Incendies.*		
	SCEAUX.		
	V. *Marché de Sceaux.*		
	SECOURS.		
	V. *Asphyxiés.*		
	SEIGLE.		
	V. *Halle aux grains et farines.*		
	SEL.		
20 juillet... 1832	Ordonnance concernant la falsification du sel.........	III	26
	SÉNATUS-CONSULTES.		
24 thermidor an X (12 août 1802.)	Ord. concernant la publication de deux sénatus-consultes des 14 et 16 thermidor an X....................	I	135
29 floréal.. an XII (19 mai 1804.)	Ord. concernant la proclamation du sénatus-consulte du 28 floréal..................................	I	252
	SÉPULTURES.		
	V. *Décès.*		

DATES.	DÉSIGNATION DES MATIÈRES.	Volumes.	Pages.
	SERGENTS DE VILLE.		
12 mars.... 1829	Ordonnance portant création du corps des sergents de ville..	II	462
8 septembre 1830	Ord. concernant la garde municipale de Paris et les sergents de ville..............................	II	580
	SESSION.		
	V. *Corps législatif, Chambres.*		
	SINGES.		
	V. *Fourrière.*		
	SPECTACLES.		
	V. *Théâtres.*		
	STATIONNEMENT DES VOITURES DE PLACE.		
15 janvier.. 1841	Arrêté relatif à l'organisation d'un service permanent de surveillance, sur les stations de voitures de place.	III	460
15 janvier.. 1841	État indicatif des stations de voitures de place........	III	467
	V. *Voitures.*		
	STATUE D'HENRI IV.		
27 octobre.. 1817	Ordonnance concernant des mesures d'ordre à l'occasion de la cérémonie de la pose de la première pierre de la statue équestre d'Henri IV sur le terre-plein du Pont-Neuf..	II	91
23 août.... 1818	Ord. concernant les mesures d'ordre à observer à l'occasion du jour de la Saint Louis et de l'inauguration de la statue d'Henri IV..........................	II	115
	STÈRES.		
	V. *Poids et mesures.*		
	SUBSTANCES VÉNÉNEUSES.		
	V. *Drogues et Médicaments.*		
	SUCRE.		
15 janvier.. 1828	Ordonnance concernant la vente du sucre en pains....	II	394
5 mars.... 1828	Arrêté qui suspend l'exécution de l'ordonnance de police du 15 janvier 1828..............................	II	402
	SUCRERIES.		
	V. *Pastillage.*		

DATES.	DÉSIGNATION DES MATIÈRES.	Volumes.	Pages.
	SUIFS.		
17 juillet... 1811	Ordonnance concernant le commerce du suif......... V. *Marché aux suifs*.	I	550
	T		
	TE DEUM.		
28 frimaire an XIV (19 *déc.* 1805.)	Ordonnance concernant les mesures d'ordre à observer à l'occasion du *Te Deum* pour la victoire d'Austerlitz.	I	300
	TEMPLE.		
	V. *Marchés*.		
	THÉATRES.		
23 ventôse an VIII (14 *mars* 1800.)	Arrêté concernant les recettes des spectacles, bals, concerts, etc..............	I	4
8 brumaire an IX (30 *octob.* 1800.)	Ord. concernant la police intérieure et extérieure des spectacles..............	I	51
9 frimaire an IX (30 *nov.* 1800.)	Ord. concernant l'ordre à suivre par les voitures, à l'arrivée et à la sortie du Théâtre-Français..........	I	59
10 août.... 1807	Ord. concernant les théâtres..............	I	334
15 mars.... 1811	Ord. relative à l'ordre à suivre par les voitures à l'arrivée et à la sortie du Théâtre-Français..........	I	505
16 juin..... 1816	Ord. concernant l'ouverture des spectacles gratis.....	II	44
6 juillet... 1816	Ord. concernant le trafic des billets de spectacles et les commissionnaires à l'entrée des théâtres.......	II	46
23 mars... 1817	Ord. qui défend d'entrer au parterre des théâtres royaux avec des armes ou des cannes............	II	75
27 mars.... 1817	Ord. qui défend d'entrer au parterre des théâtres secondaires avec des cannes ou avec des armes.......	II	75
17 janvier.. 1818	Arrêté concernant le service de police dans l'intérieur des théâtres..............	II	102
2 décembre 1824	Arrêté concernant la police des théâtres.	II	318
12 février.. 1828	Ord. concernant la police intérieure et extérieure des spectacles..............	II	398
14 février.. 1828	Arrêté concernant le service des théâtres..........	II	400
31 janvier.. 1829	Ord. concernant les théâtres non autorisés..........	II	459
9 juin.... 1829	Ord. concernant les mesures de sûreté publique et le mode de construction à observer dans l'érection des salles de spectacle..............	II	475
30 août.... 1831	Ord. concernant le trafic des billets de spectacles sur la voie publique..............	II	634
26 décembre 1832	Ord. concernant la police intérieure des salles de spectacle..............	III	36

DATES.	DÉSIGNATION DES MATIÈRES.	Volumes.	Pages.
15 février.. 1834	Ord. relative à la fixation de l'heure à laquelle se termineront les représentations dans les théâtres......	III	60
3 octobre.. 1837	Ord. concernant l'heure de clôture des représentations dans les théâtres de la capitale..................	III	212
22 novembre 1838	Ord. concernant le trafic des billets de spectacles sur la voie publique....................................	III	291
15 juin..... 1841	Arrêté qui prescrit aux directeurs des théâtres les règles à suivre pour l'annonce des pièces nouvelles sur les affiches....................................	IV	705
10 décembre 1841	Arrêté concernant la fixation des rétributions résultant du dépôt des cannes et autres objets dans les théâtres..	III	514
14 juin..... 1842	Consigne générale des gardes de police aux théâtres...	III	541
23 novembre 1843	Arrêté concernant les représentations extraordinaires et à bénéfice dans les théâtres..................	III	671
30 mars.... 1844	Ord. concernant la police intérieure des théâtres......	III	705
	V. *Décorations théâtrales.*		
	TIR D'ARMES A FEU.		
	V. *Armes à feu.*		
	TIRAGE DU SABLE.		
21 janvier.. 1813	Ordonnance concernant le tirage du sable en rivière...	I	604
15 juillet... 1813	Ord. concernant les bateaux employés au tirage du sable en rivière......................................	I	625
25 octobre.. 1840	Ord. concernant la police de la navigation (art. 192 *et suiv.*)..	III	406
	TITRE.		
	V. *Or et Argent. Orfèvres.*		
	TIVOLI.		
	V. *Voitures.*		
	TOILES.		
	V. *Halle aux toiles.*		
	TONNEAUX DE PORTEURS D'EAU.		
	V. *Porteurs d'eau.*		
	TONNEAUX.		
	V. *Bière.*		
	TONNELIERS.		
31 juillet... 1817	Ordonnance concernant le service des tonneliers em-		

DATES.	DÉSIGNATION DES MATIÈRES.	Volumes.	Pages.
	VAPEUR.		
	V. *Bateaux à vapeur, Locomotives et Machines à vapeur.*		
	VASES DE CUIVRE.		
	V. *Ustensiles*, etc.		
	VAUBAN (Maréchal).		
	V. *Cérémonies funèbres.*		
	VEAUX.		
6 vendém. an IX (28 *sept.* 1800.)	Ordonnance concernant le commerce des veaux......	I	40
28 brumaire an XIII (19 *nov.* 1804.)	Ord. concernant la vente des veaux provenant des vaches nourries dans Paris..........................	I	262
1er mai... 1809	Ord. concernant le commerce des veaux..............	I	417
29 juillet... 1813	Ord. concernant la vente des veaux provenant des vaches nourries dans Paris..........................	I	626
18 juillet... 1826	Ord. concernant le commerce des veaux............	II	357
14 décembre 1826	Ord. id.	II	373
5 janvier.. 1829	Ord. concernant le commerce des veaux pour l'approvisionnement de Paris..........................	II	452
25 mars.... 1830	Ord. concernant le régime et la discipline intérieure du commerce de la boucherie de Paris (titre VI, art. 183 *et suiv*)....................................	II	358
	V. *Boucherie, Halle aux veaux.*		
	VENTE PAR AUTORITÉ DE JUSTICE.		
20 février.. 1838	Ordonnance concernant la vente par autorité de justice..	III	241
	VENTE PUBLIQUE.		
	V. *Brocanteurs.*		
	VERDURE.		
	V. *Marché dit du Légat.*		
	VÉRIFICATION DES POIDS ET MESURES.		
	V. *Poids et Mesures.*		
	VERSEMENT AU GRENIER D'ABONDANCE.		
29 août.... 1842	Arrêté portant que les boulangers de Paris verseront au grenier d'abondance les trois-cinquièmes de leur approvisionnement particulier en farines.	III	550
	V. *Boulangerie.*		

DATES.	DÉSIGNATION DES MATIÈRES.	Volumes.	Pages.
	VIDANGES.		
13 nivôse... an XI (3 janvier 1803.)	Ordonnance concernant les vidangeurs..............	I	169
24 août.... 1808	Ord. id.	I	393
5 avril.... 1809	Ord. concernant les fosses d'aisances..................	I	411
23 octobre.. 1819	Ord. id.	II	153
4 juin..... 1831	Ord. concernant les vidangeurs....................	II	619
5 juin..... 1834	Ord. concernant la vidange des fosses d'aisances et le service des fosses mobiles dans Paris..............	III	83
6 juin..... 1834	Arrêté relatif aux voitures de vidange..............	III	88
23 septembre 1843	Ordonnance qui autorise le sieur Huguin à exploiter dans Paris son système des fosses d'aisances et de vidange....................................	III	646
23 septembre 1843	Annexes à ladite ordonnance.....................	III	651
	VILLE DE PARIS.		
7 juin..... 1810	Ordonnance concernant des mesures de police relatives à la fête donnée à LL. MM. I. et R. par la ville de Paris....................................	I	466
	V. *Fêtes.*		
	VINCENNES.		
	V. *Chasse (dans le parc).*		
	VINS.		
4 août..... 1810	Ordonnance concernant le commerce des vins dans Paris....................................	I	470
10 mai..... 1811	Ord. concernant le service des derouleurs des vins sur les ports de Paris..............................	I	510
11 janvier.. 1814	Ord. concernant le commerce des vins dans Paris....	I	659
9 février... 1827	Ord. concernant l'arrivage des vins à Paris et celui des vins et autres marchandises à Bercy...............	II	376
	V. *Courtiers-gourmets.*		
	VISA.		
	V. *Hôtels garnis, Passe-ports.*		
	VOIE PUBLIQUE.		
8 février... 1819	Ordonnance concernant la liberté et la sûreté de la voie publique....................................	II	150
20 mai..... 1822	Ord. concernant les mesures d'ordre et de précaution à prendre pour garantir la sûreté de la circulation dans le cas de dépôt de matériaux, etc..................	II	225
8 août..... 1829	Ord. concernant la sûreté et la liberté de la circulation....................................	II	492

DATES.	DÉSIGNATION DES MATIÈRES.	Volumes.	Pages.
30 janvier.. 1836	Arrêté concernant la sûreté de la circulation.........	III	145
29 mai..... 1837	Ordonnance concernant les travaux exécutés sur la voie publique et dans les propriétés qui en sont riveraines..	III	191
	V. *Arrosement, Balayage, Circulation, Colporteurs, Etalages, Saillies.*		
	VOIRIE (Petite).		
28 décembre 1808	Ordonnance concernant le tarif des droits de petite voirie..	I	408
	V. *Pavé.*		
	VOITURES.		
17 octobre.. 1823	Ordonnance concernant la circulation des voitures sous le guichet de communication entre la place du Carrousel et la rue de l'Échelle........................	II	275
12 mars..... 1827	Ord. concernant l'éclairage des voitures dans Paris pendant la nuit..	II	379
9 juillet... 1827	Ord. concernant le passage des voitures aux barrières.	II	388
20 septembre 1828	Ord. concernant la circulation des voitures sous les guichets de communication entre la place du Carrousel et la rue de Rivoli..................................	II	444
31 janvier.. 1829	Ord. concernant la saillie des moyeux des charrettes, voitures de roulage et autres.......................	II	458
1er juillet. 1831	Ord. qui défend aux voitures de traverser les ponts mobiles du canal Saint-Martin autrement qu'au pas.	II	627
10 octobre.. 1831	Ord. concernant le passage des voitures aux barrières.	II	637
26 mai..... 1836	Arrêté concernant la circulation et la conduite des voitures dans Paris....................................	III	150
20 avril.... 1843	Ord. concernant les voitures bourgeoises.............	III	597
6 novembre 1844	Avis concernant les plaques des voitures.............	III	799
	VOITURES AUX ABORDS DU JARDIN DE TIVOLI.		
13 juillet... 1811	Arrêté relatif à l'ordre à observer pour les voitures des personnes qui se rendent au jardin de Tivoli.......	I	528
	VOITURES AUX ABORDS DES TUILERIES.		
12 février.. 1822	Ordonnance concernant les voitures des personnes qui se rendent au jardin des Tuileries.................	II	214
	VOITURES AUX HALLES DU CENTRE.		
1er messid. an VIII (20 juin 1800.)	Arrêté concernant les voitures des marchands forains..	I	21
13 juin.... 1808	Ordonnance concernant le placement des voitures des		

DATES.	DÉSIGNATION DES MATIÈRES	Volumes.	Pages.
	marchands forains qui approvisionnent les halles du Centre.	I	385
31 décembre 1817	Ord. id.	II	100
28 janvier.. 1829	Ord. id.	II	457
21 janvier.. 1832	Ord. concernant la circulation des voitures dans les halles du Centre et à leurs abords	III	2
29 octobre.. 1836	Ord. concernant le stationnement sur la voie publique des voitures, etc., servant au transport des marchandises destinées à l'approvisionnement des halles du Centre	III	159
19 décembre 1836	Ord. concernant le stationnement des voitures destinées au transport des marchandises achetées dans les halles	III	168
27 septembre 1842	Ord. id.	III	559
	VOITURES BOURGEOISES ET CHARRETTES.		
14 novembre 1814	Ordonnance concernant les cabriolets	I	666
21 novembre 1814	Mesures pour empêcher que la circulation des charrettes n'occasionne des accidents	I	668
28 septembre 1816	Ordonnance concernant les cabriolets bourgeois et sous remise	II	61
16 juillet... 1823	Ord. id.	II	264
16 novembre 1829	Ord. concernant le numérotage des cabriolets employés à l'usage personnel des loueurs de voitures de place et de remise	II	524
21 mai.... 1831	Ord. concernant les cabriolets bourgeois	II	599
20 avril.... 1843	Ord. concernant les voitures bourgeoises	III	597
	VOITURES DE PLACE.		
11 vendém. an IX (3 *octobre* 1800.)	Ordonnance concernant les carrosses de place et la fixation du salaire des cochers	I	42
13 pluviôse an IX (2 *février* 1801.)	Ord. concernant les loueurs de chevaux de cabriolets et autres voitures	I	68
1er messid. an XII (20 *juin* 1804.)	Ord. concernant les cabriolets	I	259
25 juin.... 1808	Ord. concernant le droit à percevoir pour le stationnement des voitures de place sur la voie publique	I	386
25 juillet... 1808	Ord. concernant les carrosses de louage	I	388
25 juillet... 1808	Ord. concernant les cabriolets de louage	I	390
10 mai.... 1810	Ord. concernant le placement des cochers des carrosses et cabriolets de place	I	464
11 mai.... 1810	Ord. concernant les propriétaires et les cochers des carrosses et cabriolets de louage	I	465
29 février.. 1812	Ord. concernant les cabriolets	I	561
20 octobre.. 1812	Ord. concernant les voitures de place	I	587
4 mai.... 1813	Ord. concernant les fiacres et les cabriolets de place de l'intérieur de Paris	I	612

DATES.	DÉSIGNATION DES MATIÈRES.	Volumes.	Pages.
3 mai...... 1813	Arrêté contenant des dispositions de régime intérieur pour l'exécution de l'ordonnance concernant les fiacres et cabriolets de place............................	I	617
27 janvier.. 1815	Ordonnance concernant les cochers de voitures de louage..	II	5
31 mars.... 1817	Ord. concernant les cabriolets de place de l'intérieur de Paris..	II	76
22 juin..... 1820	Arrêté concernant le stationnement des voitures sur la voie publique...	II	175
23 août.... 1821	Ordonnance concernant la formation d'une masse pour les cochers de voitures de place..................	II	199
13 mai..... 1822	Arrêté concernant les carrosses-calèches de place.....	II	225
29 mai..... 1824	Arrêté concernant les cochers de carrosses et de cabriolets de place....................................	II	297
29 mai..... 1824	Arrêté concernant la formation d'une masse pour les cochers de voitures de place.........................	II	299
28 février.. 1825	Arrêté concernant la visite des carrosses et cabriolets de place...	II	322
29 novembre 1825	Ordonnance concernant les voitures de place.........	II	343
5 mars..... 1829	Arrêté concernant le tarif des cabriolets de place.....	II	461
17 mars..... 1829	Arrêté concernant le numérotage et l'éclairage des fiacres...	II	462
8 avril..... 1829	Arrêté concernant la visite des carrosses et cabriolets de place...	II	468
1er juillet.. 1829	Ordonnance concernant le service des voitures de place...	II	478
18 septembre 1829	Ord. concernant le numérotage des fiacres............	II	540
14 décembre 1829	Ord. concernant le tarif des voitures de place.........	II	550
17 mars..... 1830	Arrêté concernant les cochers des voitures de place....	II	542
17 août..... 1830	Ordonnance concernant le tarif des voitures de place..	II	577
5 septembre 1831	Ordonnance concernant les voitures de place..........	II	635
23 juillet... 1833	Ord. concernant les loueurs de voitures de place......	III	48
16 octobre.. 1834	Arrêté qui autorise la mise en circulation des nouveaux fiacres en forme de coupés........................	III	97
9 octobre.. 1835	Ordonnance concernant le tarif des voitures de place..	III	113
8 décembre 1835	Ord. concernant les loueurs de voitures de place.....	III	120
22 avril..... 1837	Arrêté qui fixe de nouvelles dimensions pour la construction des voitures de place dites coupés.........	III	185
15 janvier.. 1841	Ordonnance concernant les voitures de place..........	III	428
15 janvier.. 1841	Arrêté qui fixe les dimensions et conditions d'après lesquelles les voitures de place devront être construites à l'avenir..	III	445
15 janvier.. 1841	Arrêté relatif à l'organisation d'un service permanent de surveillance sur les stations de voitures de place	III	460

DATES.	DÉSIGNATION DES MATIÈRES.	Volumes.	Pages.
18 février.. 1841	Arrêté qui modifie les dispositions prescrites par les articles 64 et 106 de l'ordonnance du 15 janvier dernier, concernant les voitures de place............	III	478
25 mai..... 1842	Ordonnance concernant le tarif des voitures de place...	III	534
	V. *Stationnement.*		
	VOITURES DU TRANSPORT EN COMMUN.		
30 janvier.. 1828	Ordonnance concernant les diligences urbaines.........	II	395
26 avril.... 1828	Arrêté concernant le stationnement, le départ et l'arrivée des voitures faisant le transport en commun..	II	407
14 mai..... 1828	Ordonnance concernant les voitures publiques dites Dames-Blanches..................................	II	414
14 juillet... 1828	Ord. concernant la circulation des voitures faisant le transport en commun.........................	II	422
18 juillet... 1828	Ord. autorisant les gérants de l'Union des loueurs de voitures de place à affecter au transport en commun un certain nombre de carrosses et de cabriolets....	II	425
18 septembre 1828	Ord. concernant les voitures faisant le transport en commun..	II	441
19 janvier.. 1829	Arrêté concernant le service des voitures faisant le transport en commun........................	II	455
23 mai..... 1829	Arrêté id.	II	472
1er août... 1829	Ordonnance concernant les droits à percevoir sur les voitures du transport en commun................	II	492
25 août.... 1829	Ord. concernant le service des voitures dites omnibus et autres faisant le transport en commun dans l'intérieur de la capitale................................	II	504
8 octobre.. 1829	Arrêté concernant le service des voitures faisant le transport en commun..................................	II	514
2 janvier.. 1830	Ordonnance concernant l'augmentation du prix des places dans les voitures du transport en commun...	II	554
31 octobre.. 1831	Arrêté qui fixe le nombre des entreprises autorisées à faire le service du transport en commun dans Paris..	III	116
29 mars.... 1836	Arrêté relatif à l'augmentation du droit de stationnement fixé pour les voitures du transport en commun..	III	148
15 septembre 1838	Ordonnance concernant le service des voitures faisant le transport en commun..............................	III	275
15 septembre 1838	Arrêté relatif au numérotage des voitures autorisées à faire le service du transport en commun..........	III	286
6 février.. 1839	Arrêté qui modifie les dispositions prescrites par l'ordonnance du 15 septembre 1838, pour la longueur des voitures du transport en commun...............	III	298
	VOITURES PUBLIQUES (Roulage).		
25 nivôse.. an IX (15 janvier 1801.)	Ordonnance concernant les diligences et voitures publiques..	I	65

DATES.	DÉSIGNATION DES MATIÈRES.	Volumes.	Pages.
24 nivôse an XIII (14 *janvier* 1805.)	Ord. concernant les messageries et voitures publiques à destination fixe et faisant le service d'une même route	I	271
17 prairial an XIII (6 *juin* 1805.)	Ord. concernant les entrepreneurs de messageries	I	278
11 juillet... 1806	Ord. concernant le poids des voitures et la police du roulage	I	321
20 septembre 1808	Ord. concernant les entrepreneurs de diligences et de messageries et la police du roulage	I	598
12 septembre 1816	Ord. concernant les diligences, messageries et autres voitures publiques	II	58
4 avril.... 1820	Ord. id.	II	169
14 août.... 1824	Ord. id.	II	508
15 mars.... 1826	Ord. id.	II	550
25 octobre.. 1827	Ord. concernant les voitures publiques à destination fixe	II	590
19 août.... 1828	Ord. id.	II	432
21 octobre.. 1828	Arrêté concernant les voitures publiques	II	148
26 février.. 1830	Ordonnance qui défend l'entrée et la sortie par la barrière de l'Étoile aux voitures dites diligences et messageries	II	559
15 octobre.. 1832	Ord. concernant les diligences et messageries	III	54
18 avril.... 1843	Ord. qui défend l'entrée et la sortie par la barrière de l'Étoile des diligences et des voitures de roulage, ainsi que leur circulation dans les avenues des Champs-Élysées	III	596
	VOITURES POUR LE SERVICE DES PORTS ET CHANTIERS.		
13 janvier... 1812	Ordonnance concernant la police des voitures employées au service des ports et des chantiers	I	550
	VOITURES SOUS REMISE.		
14 novembre 1814	Ordonnance concernant les cabriolets	I	668
4 février.. 1815	Arrêté concernant les cabriolets sous remise	II	7
12 décembre 1823	Arrêté concernant les loueurs de voitures de remise	II	287
14 février.. 1824	Arrêté concernant les cabriolets sous remise	II	291
14 février.. 1824	Arrêté id.	II	292
8 janvier.. 1829	Ordonnance concernant les cabriolets sous remise	II	455
16 novembre 1829	Ord. concernant le numérotage des cabriolets employés à l'usage personnel des loueurs de voitures de place et de remise	II	524
28 août.... 1837	Ord. concernant les carrosses, coupés et cabriolets de remise offerts au public, pour marcher à l'heure ou à la course	III	204

DATES.	DÉSIGNATION DES MATIÈRES.	Volumes.	Pages.
21 février.. 1811	Ord. concernant l'augmentation des droits sur la vente de la volaille et du gibier..................................	I	302
27 janvier.. 1812	Ord. concernant la fixation des prix des places sur le marché à la volaille et au gibier....................	I	553
27 janvier.. 1812	Ord. concernant la vente de la volaille et du gibier sur le nouveau marché....................................	I	554
23 avril.... 1816	Ord. concernant la vente de la volaille et du gibier....	II	56
20 avril.... 1820	Ord. qui prescrit la publication de plusieurs articles de l'ordonnance de 1812..................................	II	169
	V. *Chasse, Marché à la Vallée.*		
	VOTE.		
1er prairial an XII (21 *mai* 1804.)	Ordonnance concernant le vote relatif à l'hérédité de la dignité impériale..	I	253

FIN

Paris, Impr. de Paul Dupont,
rue de Grenelle-Saint-Honoré, n. 55.

IMPRIMERIE ET LIBRAIRIE ADMINISTRATIVES

DE PAUL DUPONT,

Rue de Grenelle-Saint-Honoré, n° 55.

OUVRAGES D'ADMINISTRATION.

Paris. — Impr. de Paul Dupont.

www.ingramcontent.com/pod-product-compliance
Ingram Content Group UK Ltd.
Pitfield, Milton Keynes, MK11 3LW, UK
UKHW021553260726
13993UKWH00002B/817